KB180242

PART 1

유튜버의 콘셉트 잡기

▶

　일상 속에서 말은 필수적인 것이며 말을 잘하면 많은 혜택을 누릴 수 있다. 음식점에 가서 말만 잘해도 서비스가 나오며, 시장에 가서도 물건을 더 저렴하게 살 수도 있다. 회사에서 상사에게 보고할 때도 같은 말을 누가 어떻게 하느냐에 따라 상사의 평가가 달라진다. 특히 사람들을 많이 만나거나 말을 많이 하는 직업을 가진 사람들에게 '말'은 필수 불가결한 요소이다. 유튜버도 마찬가지이다.

　사람들은 유튜브를 통해 관심 있는 콘텐츠를 찾아서 본다. 그런데 기대와는 달리 채널 운영자가 혼자서만 신나 아무 말이나 떠들어 대거나 축 처진 우울한 목소리로 웅얼거리며 내용을 전달한다면 어떨까? 내용 전달은 고사하고 사람들은 그 영상을 한번 보고 그만 보게 될 것이다. 또한 '싫어요'가 많아짐은 당연한 것이다. 그래서 유튜버가 되기 전에 우선 '말'에 대한 점검이 필요하다.

　그리고 유튜버로 성공적인 신고식을 치르고 싶다면 그것보다 먼저 자기 자신을 제대로 알아야 한다. 유튜버는 다섯 가지 유형으로 나뉜다.

01 리더형 유튜버

리더형의 유튜버들은 어느 장소에서든 자신이 빛나길 원한다. 모임이나 회식 때 자신이 먼저 앞장서서 주도해 가는 스타일이다. 이들은 보이는 게 전부라 할 만큼 자신을 많이 보여 준다.

또한 리더형 유튜버들은 기발한 발상과 아이디어로 승부수를 띄울 수 있는 능력이 충분하다. 재미있고 순발력 있는 이들은 규격화되지 않은 틀 밖에서 진가를 발휘하는 경우가 많다. 예상치 못한 질문을 받았을 때도 당황하지 않는다. 리더형 유튜버의 대표적인 예가 아나운서 출신의 방송인 장성규이다.

그가 출연하는 유튜브 채널 '워크맨'은 직업 체험을 하면서 일어나는 에피소드를 재미있게 영상에 담은 것으로, 구독자 수가 374만 명에 육박한다.

장성규는 예능인에 가까워 보일 정도로 다양한 상황에서 남들이 생각지도 못한 멘트를 참 잘 구사한다. 그의 스피치는 애드리브를 할 때 진가가 발휘된다. 예상치 못한 상황에서의 엉뚱한 답변은 웃음을 줄 수밖에 없다.

이처럼 리더형의 유튜버들은 말을 즐길 줄 아는 사람들이 많기에 같은 말을 해도 밉지 않다. 말의 매력을 알고 있는 사람들이 많다. 말하기를 좋아하고 말을 즐길 줄 안다.

말하기를 좋아하는 리더형의 유튜버들은 같은 이야기를 하더라도 재미있게 잘 전달하는 편이다. 자칭 타칭 방송인, 개그맨이라 불리기도 한다. 웃긴 이야기를 했을 때 남들이 웃지 않아도 민망해하거나 주눅 드는 법이 없다. 그래서 자신의 스토리텔링storytelling을 많이 준비하고 말하는 것이 좋다. 일기 등을 통해 하루동안 있었던 일들을 간략히 메모해 두면 채널을 운영할 때 많은 도움이 된다. 자신의 이야기와 유튜브에 올라갈 콘텐츠가 조화롭다면 적재적소에 활용할 수 있는 것이다.

필자는 초등학교 때부터 지금까지 계속 일기를 쓰고 있다. 거창하게 노트에 하루에 있었던 모든 일들을 쓰는 것이 아니라, 기억에 남는 것들을 메모 형식으로 짧게 남겨 둔다. 이러한 습관은 나를 돌아보게 만들고 나만의 스토리를 기억하게 하고 아이디어도 많이 떠오르게 한다. 강의를 하거나 촬영을 할 때 또는 책을 집필할 때 그간의 일기장들을 꺼내들춰 보면 새로운 영감이 떠오르는 경우가 꽤 있다.

일기는 내 생활의 기록이다. 기록을 보면 내 스토리를 알 수 있다. 일기 쓰기가 힘들거나 귀찮다면 오늘 했던 일들 중 기억에 남는 한 가지를 생각하며 한 문장이라도 적어 보아라. 적기 시작하면 생각을 할 수 있고, 생각하면 스토리도 만들 수 있다.

리더형의 유튜버들은 스토리텔링으로 영상을 풀어 가면 시청자의 사랑을 더 많이 받을 수 있다. 스피치에서 중요한 것이 바로 '스토리story'이다.

사람들은 성격과 외모뿐만이 아니라 경험도 저마다 다르다. 스토리가 많으면 장소와 상황에 구애받지 않고 말을 잘할 수 있는 조건이 생긴다. 스토리를 많이 만들어 두어라. 스토리가 유튜버에게는 재산이다.

스토리텔링을 할 때는 반드시 나의 이야기를 하라. 나의 일상, 나의 여행, 내 먹방(먹는 방송) 등 나의 스토리텔링을 전해라. 스토리텔링은 story(이야기)와 telling(말하다)의 합성어로 이야기를 전달하는 것이다. 단순히 사실 중심으로만 말하는 것이 아니라 내가 직접 겪고 느낀 이야기를 말하는 것이다. 그래야 내용도 풍성해지고 진실성 있는 모습을 보여 줄 수 있다. 말하는 것을 즐기는 리더형 유튜버들은 다른 유형의 유튜버들보다 스토리텔링을 솔직담백하게 잘 표현할 수 있다.

사람의 매력은 내가 경험하지 못한 다른 사람의 인생에서 나온다고 해도 과언이 아니다. 자신의 스토리를 많이 이야기하라. 스토리텔링을 할 때는 진정성이 들어가야 한다. 진정으로 마음에서 우러나 독자들에게 많은 정보를 전해 주고 싶다는 마음으로 이야기해야 한다.

리더형 유튜버들은 순발력 또한 뛰어나다. 예상치 못한 상황에서 임기응변에 능하다. 정해진 대본에 따라 연기하는 정극 연기보다 가끔 애드리브가 허용되는 시트콤에 더 적합한 유형이다. 그래서 유튜브 촬영을 할 때에도 미리 준비한 것에 구애받지 않고 순간 생각나는 대로 말을 한다. 사람을 좋아하고 돌아다니는 것을 좋아한다. '안정'이라는 단어보다는 '열정' '도전'이라는 단어가 더 어울린다.

리더형 유튜버들은 유튜브를 업로드하는 데 오랜 시간이 걸리지 않는다. 비싸고 성능 좋은 조명이나 마이크가 없더라고 핸드폰과 삼각대로 일단 영상을 찍기 시작한다. 행동으로 바로 옮기는 스타일이다. 과감하고 들이대기를 잘하고 겁이 없다.

또한 사람에 대한 두려움이 없고 공감 능력이 뛰어나다. 사람에 대한 두려움이 없는 편이기에 내공이 또래보다 강하다. 실패를 해도 회복이 빠르다. 거침없는 속도로 채널을 성장시킬 요인이 참 많은 유형이다.

리더형 유튜버들이 유튜브를 활성화시키고 싶다면 공감 능력이 뛰어난 것을 강점으로 활용해라. 공감과 동감의 스피치를 해라.

공감共感은 다른 사람의 의견에 대해 이해하는 것을, 동감同感은 다른 사람의 의견에 전적으로 동의하는 것을 말한다.

공감과 동감은 모든 유튜버 유형에게 중요하지만, 특히나 리더형 유튜버에게 더욱 중요하다. 관계형 네트워크를 맺어 한번 영상을 본 사람은 반드시 자신의 구독자로 만들려고 노력해라.

유튜브 채널을 개설한 후 구독자가 많이 없을 초창기 때 이를 적극적으로 활용하는 것이 좋다. 댓글이 달리면 친절하게 '당신에게 관심이 있고 나의 채널을 구독해 줘서 고맙다'는 식의 답변을 마음을 담아 적는 것이다. 타인을 인정해 주고 관심을 가져 주면 누구든지 친구로 만들 수 있다.

그래서 리더형 유튜버들이 스피치를 할 때는 다른 사람의 내면까지 어루만질 수 있는 따뜻한 스피치를 하도록 노력해야 한다.

목소리에 힘을 주어라

말을 할 때는 무조건 힘 있게 말해야 신뢰감을 더 줄 수 있다. 큰 목소리로 천천히 말해야 한다. 크고 천천히 말하는 것은 다섯 가지 유형 모두에 해당되지만, 특히 전달력이 중요한 리더형 유튜버는 더욱 그렇다.

말을 급하게 하다 보면 설득이 되지 않을 뿐더러 상대방으로 하여금 정보를 받아들일 수 있는 시간을 주지 않게 된다. 신뢰감이 생기지 않아 가볍고 경솔해 보인다. 천천히 하고 울림통을 크게 해서 말을 하면 신뢰감을 더 줄 수 있다. 속삭이듯이 말하지 마라.

목소리에 에너지를 싣는 방법은 말할 때 첫 단어에 힘을 주는 것이다. 예를 들어, "안녕하세요? 스피치전문가 신유아입니다"라고 말할 때 안, 스, 신에 힘을 주면서 말을 하는 것이다. 즉 어절(띄어쓰기)에 힘을 주면서 말하는 것이다.

이렇게 말하면 리더형 유튜버들은 적극성을 보여 주게 되어 한층 더 자신의 매력을 드러낼 수 있다. 말은 곧 그 사람이다. 리더형인 당신의 매력을 뽐내려면 반드시 어절에 힘을 주면서 말해 보아라.

말할 내용들을 글로 적어 정리한 후 어절 첫 부분을 형광펜을 치면서 힘을 주며 연습해 보아라. 그리고 위에서 제시한 방법을 직설화법과 함께 활용해도 좋다. 촌철살인을 하거나 사이다 발언을 서슴없이 하는 사람들은 이를 자신의 캐릭터로도 활용한다. 그 대표적인 인물이 개그맨 김구라이다.

그는 무명 시절 공중파에서는 수위가 높아 하지 못하는 말들을 인터넷방송을 통해 과감하게 했다. 지나치다 싶을 정도로 솔직하게 말하는 그의 방송을 듣고 처음에 청취자들은 깜짝 놀랐다. 하지만 자신의 의견을 거침없이 말하는 그를 좋아하는 마니아층이 생겼다. 이런 김구라의 모습을 눈여겨보던 한 공중파 방송사의 PD가 그를 라디오 DJ로 영입했고, 그 이후 사람들이 그를 알아보기 시작했다.

현재도 그는 각종 프로그램에서 사이다 발언을 한다. 작년에 그는 방송사 연예대상 후보에 올랐는데, 사회자가 대상 후보가 된 그에게 소감을 말해 달라고 요청하자 다음과 같이 말했다.

"사실 제가 왜 대상 후보인지 모르겠습니다. 연예대상 프로그램도 물갈이를 할 때가 됐어요. 앞으로의 연예대상은 광고 때문에 의례적으로 모든 방송사들이 진행하는 게 아니라, 시청자들이 결과에 수긍할 수 있게 각 방송사들이 돌아가면서 합리적으로 진행해야 합니다."

그의 촌철살인 스피치는 포털사이트 실시간 검색어 1위를 차지할 정도로 화제가 되었다. 이렇게 김구라는 직접적이고 강한 스피치를 한다.

직설화법의 스피치를 할 때는 '내가 정답이다' '내가 주인공이다'라는 생각으로 자신을 뽐내면서 말을 해라. 당신의 매력을 더 잘 보여 줄 수 있다. 콘텐츠에 어울린다면 춤을 추거나 동작을 과하게 해도 좋다.

또한 다른 유튜버들과 컬래버레이션을 할 경우 한 명은 진행자의 역할을 맡아 상황을 이끌어 가야 하는데, 리더형 유튜버들이 그 역할을 맡는 게 좋다. 영상을 보는 구독자들은 즐겁고 재미있는 것을 원하는데 상황을 잘 끌어갈 만한 사람이 리드해야 하는 게 당연한 것 아닌가? 순발력이 뛰어난 리더형 유튜버들은 재미있게 상황을 이끌어 가기에 충분하다.

구독자 191만 명을 갖고 있는 '디바제시카'도 대표적인 리더형 유튜버이다.

그녀는 미국에서 살았던 경험이 있어 영어를 잘하고 지적이며 섹시하다. 또한 굉장히 당당하고 파워풀한 스피치를 한다.

처음에 그녀의 주요 콘텐츠는 영어였지만, 리더형 유튜버인 그녀는 무언가를 새롭게 도전하는 것을 좋아하기 때문에 '오싹한 토요미스테리' '귀로 듣는 영화' '지식 정보튜브' '국내에서 발생한 금요사건파일' '초보영어회화' '쇼킹 탑텐' 등 다양한 콘텐츠들을 업로드하고 있다.

그녀가 방송하는 모습을 보면 활발하고 내숭 없는 모습이다. 남성 팬뿐만 아니라 여성 팬들도 많다.

그리고 영어를 잘해서인지 표현력이 참 좋다. 우리나라 사람들은 "안녕하세요"라고 인사할 때 평조로 리듬감 없이 하는 경우가 많은데, 반면에 영어권의 사람들은 "hello" "hi"라고 인사를 할 때 자연스럽게 리듬이 들어간다.

만약 당신이 리더형의 유튜버인데 말할 때 표현력이 부족하거나 리듬감이 없다면 영어를 많이 들어라. 영어 공부가 목적이 아니라 말의 리듬감을 느껴 보기 위함이다. 영어를 듣다 보면 감이 잡힐 것이다. 억양에서 생동감을 느낄 수 있다. 우리나라 말을 할 때도 리듬감을 주면서 말하려고 노력해 보라. 말에 에너지가 생길 것이다.

리더형의 유튜버들은 무대를 장악하듯이 스피치를 해야 한다. 그러려면 공간을 넓게 써야 한다. 에너지를 잘 전달하는 것이 중요하기 때문에 몸짓과 동선에도 신경 쓰자. 영상을 찍는 동안 내 앞에는 카메라뿐이지만, 수백 명의 사람들이 있다고 상상하며 스피치를 해 보자. 마치 수천 명이 모인 대학 축제에서 행사 MC를 진행하는 것처럼 말이다. 그 이유는 에너지가 강한 리더형의 유튜버들에게 그것 또한 매력이기 때문이다.

마음껏 자신을 뽐내라. 생기 있고 생동감 있는 리더형의 유튜버들은 다른 사람들에게 에너지를 주는 파장이 대단하다. 그러므로 자신을 감추지 말고 있는 그대로 드러내 보아라. 긍정의 에너지가 타인에게 강하게 전달되면 구독자 수가 증가할 확률이 높다.

리더형 유튜버는 진부한 소재에 어눌한 스피치는 어울리지 않는다. 자신감 넘치는 에너지로 매력을 발산하는 리더형 유튜버의 모습을 제대로 보여 주어라.

 ## 리더형 유튜버는

- 어느 장소에서든지 자신이 빛나길 원한다.
- 사람을 좋아한다.
- 집에 있기보다는 밖으로 돌아다니길 좋아한다.
- 열정적이고 도전적이다.
- 말의 매력을 알고 있다.
- 순발력이 있다.
- 공감 능력이 뛰어나다.

02 보조형 유튜버

"'진정성' 있게 말하는 것이 스피치의 제일이다."

필자가 스피치 강의를 할 때 늘 하는 말이다.

'진정성'이란 참되고 올바른 성질이나 특성을 말한다. 말을 잘하는 데 가장 중요한 것은 '진정성'이라는 것을 잊지 말아야 한다.

보조형 유튜버들 중에는 '진정성' 있게 말하는 사람들이 많다. 그래서 보조형 유튜버들은 '진정성'을 많이 보여 주는 것이 좋다.

이 유형의 사람들은 거절을 잘 못하고 배려심이 많다. 그리고 사람을 만날 때마다 최선을 다한다. 그래서 사람들에게 '고민 해결' '상담' '희망을 주는 이야기'를 전하는 콘텐츠가 잘 어울린다.

고민 해결이나 상담을 해 주려면 더더욱 진정성 있게 말을 해야 한다. 더듬거리거나 웅얼대면서 상담을 하면 신뢰감이 생기지 않고 믿음이 안 갈 것이다. 상담 관련 콘텐츠를 할 때는 다양한 분야에 대한 정보도 많이 알아야 한다.

친구들을 만났을 때 리액션을 많이 해 주거나 맞장구를 잘 친다면 보조형 유튜버라 생각해도 좋다. 보조형 유튜버들은 사람들의 비위를 잘 맞춘다. 반면에 눈치를 잘 본다. 앞에 나서고는 싶지만, 행동으로 이어지지 않는 사람들이다. 앞에 나서는 경우가 있다면 자발적으로 하는 것이 아닌 주위에서 지시하거나 부추길 때이다.

리더형 유튜버들이 마음먹은 순간 바로 실행에 옮기는 반면, 보조형 유튜버들은 하나부터 열까지 다 준비하고 시작하는 편이다. 그래서 이들은 유튜브를 하겠다고 결심하고 나서도 실행에 옮기기까지 시간이 꽤 오래 걸린다. '도전'보다는 '현실' '안정'이라는 단어가 더 잘 어울린다.

이들은 편집기, 조명, 카메라 등 동영상 촬영에 필요한 것들을 미리부터 다 준비를 해 둔다. 그런데 이런 상태에서도 바로 실행하지 않는다. 또 고민한다.

"장소는 어디에서 할까?" "어떤 의상이 좋을까?" "주 1회 업로드를 할까, 아니면 2회를 할까?"

생각에 생각을 거듭하다가 확신이 서면 그제야 비로소 촬영에 들어간다. 하지만 촬영을 해도 리더형처럼 바로 영상을 업로드하지 않는다. 편집에 공을 들이고 또 들인다.

유튜브를 시작하기 전 이들의 준비 과정을 보면 짐작이 갈 것이다. 이들은 준비를 철두철미하게 한다.

보조형 유튜버들은 처음부터 구독자들에게 정보를 많이 주면서 말하기보다 여유 있게 여운을 주면서 천천히 말하는 게 좋다.

보조형 유튜버들은 급하게 일을 진행하면 절대 안 된다. 천천히 해야 한다.

친구나 지인들과 있을 때 유독 말을 빨리하는 사람들이 있다. 이들은 회사 프레젠테이션 등과 같은 공적인 자리에서는 말이 빠르지 않은데, 자신이 편안해하는 장소나 좋아하는 사람들을 만나면 흥에 겨워 자신이 하고 싶은 말들을 신나게 쏟아 내면서 말이 급해지고 빨라진다. 급하게 먹는 밥은 체하는 법이며, 조바심은 사람을 힘들게 한다. 흥분하면 지는 것이다.

보조형 유튜버에게 빠른 말은 어울리지 않는다. 여유 있고 편안하게 촬영해라. 마음속으로 늘 '천천히 가자'라는 생각을 해라. 천천히 한다는 것은 여유가 있다는 것이다.

여유 있게 말하려면 호흡에 신경을 써야 한다. 복식호흡을 하면 여유가 생기고 차분해진다. (호흡에 대한 자세한 내용은 뒤에 나오는 '호흡' 부분을 참고하길 바란다.)

보조형 유튜버들은 빈말을 못한다. 신뢰감을 매우 우선시하는 이들이다. 또한 낯선 상황과 장소에 대한 두려움이 있고 예상에서 벗어나는 순간을 힘들어한다.

보조형의 유튜버들은 사람들과 대화를 할 때 말하기보다 듣는 것을 선호한다. 리액션에 특화되어 있는 사람들이라 할 수 있다. 말을 자주 안 하다 보니 고개를 끄덕이거나 박수를 치는 등의 표현으로 상대의 말을 경청하고 있다는 것을 보여 주는 것이 훨씬 더 편한 것이다.

만약 당신이 보조형의 유형이라면 유튜브를 하고 싶지만 말하는 것이 두렵고 떨려 피하고 싶을 것이다. 말하기 싫은 게 아니라 말하고는 싶은데 고민하는 것이다. 유튜버가 되고 싶고 말하고 싶은 마음이 있다면 충분히 개선할 수 있다. 말하기 연습을 하다 보면 스피치가 즐겁고 재미있어지고, 어느 순간 1일 1업로드를 하고 있는 자신을 발견할 것이다.

말하기 두렵다고 포기하지 마라. 변화가 가능하다. 필자는 많은 사람들이 변화되는 모습을 보았다. 자신감 없고 남 앞에서 말하는 것을 부끄러워했던 사람들이 지금은 자신의 채널을 개설해 유튜브 활동을 잘하고 있다. '내 채널을 도대체 누가 볼까?' 고민했던 사람들이 이제는 구독자들이 단 댓글을 보며 기뻐한다. 구독자와 '좋아요'가 늘어날 때마다 '진작 유튜버 할걸?'이라는 생각이 들고, 동영상 녹화가 시작되면 '덤벼, 내가 다 알려 줄게' 하는 생각이 저절로 든다고 한다. 예전에는 준비한 걸 다 못해 스무 번 넘게 재촬영했지만, 이제는 NG도 거의 안 내고 더 이상 말하는 게 두렵지 않고 재미있다고 한다. 당신도 그들처럼 할 수 있다.

항상 설렘을 유지하라

말하는 것은 어렵지 않다. 어렵다고 생각하기 때문에 어려운 것이다. 피타고라스의 정리를 이용해서 정확한 답을 구하는 것도 아니고, 법 조항을 모두 외워 사법고시를 보는 것도 아니다. 특별히 정해진 게 있는 것이 아니라는 말이다.

잘나가는 스타 MC들의 말하는 방법은 모두 다르다. 말은 내가 하고 싶은 말을 효과적으로 정확하게 잘 전달하는 데 목적이 있다. 말하기를 어려워하지 말고 자신을 믿고 바뀌고자 노력한다면 유튜버로 성공할 수 있다.

말하기가 두려워 유튜버를 포기한다면 분명 후회할 것이다. 당신도 변할 수 있고, 할 수 있다. 포기하지 마라.

늘 타인과 대화를 할 때 듣는 입장이었다면, 이제는 말하는 화자로 바뀔 수 있다.

'말'은 나와 타인, 모두를 위해 배워야 한다. 이유는 말을 잘하면 일단 내 의견을 잘 전달할 수 있기 때문에 자신감이 생긴다. 뿐만 아니라 듣는 사람들도 즐겁고, 이로 인해 당신을 더 찾게 된다. 같이 있고 싶어지게 만드는 요소인 셈이다. 결국 말을 잘하면 모두에게 좋다.

인기 유튜버로 활동하다 보면 많은 사람들이 당신을 찾게 되고, 이로 인해 방송 출연이나 강연을 해야 하는 경우가 생길 수도 있다.

'약사가 들려주는 약 이야기' 채널(구독자 수 46만 명)을 운영 중인 고약사는 유튜브 방송을 통해 책을 출간하는 것이 꿈이라고 했다. 유명 유튜버가 되니 출간 의뢰가 왔고, 곧 책이 출간된다고 한다. 이제 그는 강의도 하고 싶다고 영상에서 말했다. 머지않아 그는 강의도 하게 될 것이다. 유튜버 활동을 하면서 꿈꾸던 것들을 하나씩 이루어 가고 있다.

이처럼 유튜버로 활동을 하면 좋은 기회들을 많이 얻게 된다. 자신감을 갖고 도전해라. "설레는 자는 이기고, 긴장하는 자는 진다"라는 말이 필자의 좌우명이다. 마인드컨트롤이 중요하다. 일단 누군가에게 영상을 보여 주기 위함이 아니라 소장용 영상이라 생각하고 마음 가는 대로 촬영해 보는 것이다. '영상을 올리면 사람들 반응이 어떨까?' 하는 생각 자체를 하지 마라. 더 긴장하게 된다. 설레는 마음으로 즐겁게 영상 촬영을 해라. 내가 행복하면 설레는 법이다.

여기서의 설렘은 긴장했을 때의 떨림과는 다르다. 유튜브를 하지 않으면 당장 회사에서 당신을 해고하겠다고 말했는가? 아니면 이번 주 내로 유튜브 채널을 개설하지 않으면 과태료를 내야 하는가? 그렇지 않다. 오로지 내가 원해서 하는 건데 당연히 설레는 마음으로 즐겁게 촬영해야 하지 않겠는가? 영상을 찍으면서 그동안 잊었던 설렘을 느껴 보길 바란다.

설렘을 느끼며 촬영하기 힘들다면 그동안 당신이 설렜던 순간들을 상상해 보라. 설레는 것은 멀리 있지 않다. 30대는 20대를, 50대는 40대를 그리워한다. 그리워한다는 것은 그 당시에 설레는 일이 많았기 때문이다.

설레며 산다는 것은 행복하다는 것이다. 조금만 더 자세히 살펴보면 우리 주위에는 설레는 일들로 가득하다. 아침 햇살을 받으며 커피 한잔을 마시는 것, 오랜만에 휴가를 얻어 해외여행을 가는 것, 자녀들과 함께 시원한 바람을 맞으며 한강 공원을 걷는 것! 이 모든 것이 설렘의 순간이다. 하루하루 소소한 행복 속에서 설레다 보면 어느 순간 당신의 얼굴에 웃음꽃이 피게 된다. 그러다 보면 좋은 에너지들로 가득 차 좋은 일들이 생기고, 그 좋은 일들은 꼬리에 꼬리를 물고 계속 이어지게 된다. 설령 기분 나쁜 일이나 좋지 않은 일이 중간에 생기더라도 금방 회복된다. 삶을 설레며 살아라! 그 설렘으로 촬영해라.

보조형 유튜버들은 다른 유형의 유튜버들보다 마음을 편하게 하고 즐겁게 생각해야 촬영이 잘된다. 그러므로 채널을 개설하기 전에 먼저 매일매일의 일상 속에서 설레는 감정을 증폭시키는 연습을 해라.

당신이 보조형 유튜버 유형에 속한다면 유튜브를 하면서 삶의 설렘을 강하게 느끼게 될 것이라고 말해 주고 싶다. 유튜버 활동을 통해 행복을 느끼고 새로운 도전을 함으로써 성취감을 맛보았으면 한다.

보조형 유튜버는

- 거절을 잘 못한다.
- 마음은 나서고 싶지만 행동은 그렇게 못한다.
- 리액션을 잘하고 맞장구를 잘 친다.
- 눈치를 잘 본다.
- 생각이 많다.
- 섬세하고 세밀하다.
- 현실적이고 안정을 추구한다.

03 협상형 유튜버

요즈음의 트렌드는 동영상이며, 그 중심에 유튜브가 있다. 아나운서, 박사, 의사, 변호사, 주부, 고등학생, 직장인 등 유튜브 개설을 안 한 사람이 거의 없을 정도다. 협상형의 유튜버들은 시대의 흐름을 굉장히 잘 파악하고, 그것에 재빨리 순응한다. 그래서 협상형 유튜버들은 이런 시대의 흐름에 뒤처지지 않기 위해 유튜브 채널을 개설하는 경우가 많다.

유튜브에 신축빌라 관련 콘텐츠를 올리고 있는 강상엽 님은 대표적인 협상형 유튜버라 할 수 있다.

그는 수도권 신축빌라 분양업에 종사하고 있는 1인 사업가로 8,000명의 구독자를 보유한 블로그도 운영하고 있다.

그가 유튜브 개설을 하기로 결심한 가장 큰 이유는 신축빌라 홍보 때문이다. 홍보 매체도 시대의 흐름을 탄다. 예전에는 담벼락이나 전봇대에 전단지, 현수막을 붙이는 것이 전부였지만, SNS가 발달하면서 블로

그가 주요 홍보 수단이 되었고, 요즈음은 유튜브를 통해 많이 홍보하고 있다. 시대를 따라가는 협상형 유튜버가 이런 것을 놓칠 리 없다.

협상형의 유튜버는 말 그대로 협상도 잘한다. 협상을 잘한다는 것은 조율을 잘한다는 것이다. 계산이 빠르고 민첩하다. 자신의 직감을 믿기 때문에 '어떤 것을 하면 내가 잘할 것이다'라는 것에 대한 촉이 있다. 이들은 부지런하기도 하다. 하나를 더 얻고 협상을 잘하려면 부지런함은 당연한 것이다. 강상엽 님은 보통 저녁 9시에 잠자리에 들어 새벽 1~2시에 기상한다.

보통 사람들이 대개 오후 11시~새벽 1시 정도에 취침을 하고, 오전 7~8시에 기상을 하는 경우가 많은 걸 감안하면 상당히 다른 수면 패턴인 셈이다.

그 이유를 물어보니 집안 어르신들이 매우 부지런하신데 어려서부터 이런 습관이 몸에 배었다고 한다. 부지런함에 대한 보상인지 그를 찾는 고객들이 점점 더 많아지고 있다.

또 협상형의 유튜버들은 집중과 몰입을 잘한다. 강상엽 님이 신축빌라와 관련된 글과 자료를 블로그에 올리는 데 보통 6시간 정도 걸린다. 이는 현장에 나가 사진을 찍고, 현장에서 내용을 정리하고, 다시 회사에 돌아와 글 쓰는 작업을 포함한다.

구독자들은 블로그에 올라오는 글들을 읽는 데 5분이면 되지만, 그는 하루 중 4분의 1을 몽땅 투자하는 셈이다.

지금은 더 바빠졌다. 유튜브 채널까지 개설해 촬영하고 편집까지 모두 하려면 아마 하루 24시간 중 절반은 블로그와 유튜브 작업에 몰두할 것이라는 생각이 든다.

앞서 설명한 리더형 유튜버들에게 "보이는 게 전부"라는 말이 어울린다면, 협상형 유튜버들에게는 "보이는 게 다가 아니다"라는 말이 적합하다.

리더형의 유튜버들은 자신의 본래 모습을 과감하게 낱낱이 그대로 다 보여 주지만, 협상형의 유튜버들은 보이는 것 외에 오히려 보이지 않는 부분에서 더 많이 투자하고 노력하는 것이다.

또한 협상형 유튜버들은 정도를 지킨다. 법 없이도 살 것 같은 유형을 꼽으라고 한다면, 필자는 협상형 유튜버 유형을 제일로 꼽겠다. 독단적이거나 독선적이지 않다. 협상에 능하기 때문에 다른 사람의 의견에 귀 기울일 줄 안다. 일에 대한 스트레스를 많이 받지 않는다. 자신이 하는 일에 대한 목적을 찾고 일을 즐긴다. 해야 할 일이 많아도 즐겁게 한다. 강상엽 님도 그렇다. 일을 생각하면 설레고, 그것을 좋아하다 보니 더욱 열심히 공부하게 된다고 한다.

협상형 유튜버들은 한 단계씩 발전해 가는 자신의 모습에 큰 만족감을 느낀다. 다른 사람들이 인정하지 않아도 스스로 발전해 나가는 조짐이 보이면 세상을 다 얻은 것처럼 기뻐한다. 이들은 현실을 직시하는 편이다.

강상엽 님이 처음부터 신축빌라 분양업을 시작한 것은 아니다. 노후를 생각해야 될 나이가 되었을 때 평생직장으로 신축빌라 분양업이 자신과 적합하다고 판단을 내렸다. 좋은 직업의 기준은 나와 상대방이 시너지가 날 수 있고, 나와 상대방 모두에게 이익이 되는 것, 자신이 잘하고 기존에 했던 일들과 관련된 분야였다. 그것이 바로 신축빌라 분양업이라는 확신이 들었다고 한다.

촉이 빠르고 감이 좋은 협상형 유튜버들은 여러 가지 상황을 다 고려하고 선택한다. 또한 안목이 굉장히 넓고 현실적인 편이다. 강상엽 님이 이전에 했던 일들과 현재 하고 있는 신축빌라 분양업은 많은 부분이 연결되어 있다. 전체적으로 사람과 사람 사이의 비즈니스이기 때문에 기획과 영업 분야에서 일을 했던 부분들이 많은 도움이 된다.

강상엽 님은 자신의 블로그를 즐겨 찾는 사람들한테서 글을 잘 쓴다는 말을 자주 듣는다고 한다. 이런 부분은 그가 직장 생활을 하면서 계속해서 기획서를 작성해 보았던 것이 도움이 되었을 것이다. 또한 빌라를 분양한다는 것이 물건을 판다는 개념으로도 볼 수 있는데, 누군가에게 무언가를 판다는 것은 영업이기 때문에 과거에 보험회사에서 영업했던 것이 도움이 되었을 것이다. 이처럼 전체적으로 기획하고 영업했던 것들이 신축빌라 분양업을 잘할 수 있는 토대가 되었던 것이다.

또한 협상형의 유튜버는 굉장히 신중하다. 강상엽 님은 필자에게 스피치 교육을 받기 전 '어디에서 스피치를 배울지' '어떤 스피치 교육을 받아야 하는지' '학원의 커리큘럼과 강사의 이력' 등 여러 부분을 고려했다고 한다.

그는 먼저 인터넷으로 '스피치 학원'을 검색했고, 학원의 홈페이지나 블로그 내용들을 꼼꼼히 살펴보았다고 한다. 그가 블로그를 운영하다 보니 글을 보면 학원에서 어떤 식으로 가르칠 것 같다는 느낌이 든다고 한다. 신중한 고려 끝에 마포에 있는 필자의 스피치 학원을 다니기로 결심하였다.

또한 협상형의 유튜버들은 계획 세우기를 좋아하고, 그 계획대로 실천하는 것을 선호한다. 하루하루 사는 것에 대해 늘 목표를 세운다. 예를 들어 하루 24시간 중 8시간을 수면 시간이라고 기준을 세워 놓았다면, 그 이후 시간을 통제해 가며 하루를 만들어 나간다. 예를 들면 오전 8시 기상, 8~10시 운동, 10~12시 자료 정리, 12시 점심식사, 오후 1~3시 미팅, 3~5시 관련 업무 보기, 5~7시 저녁식사, 7~9시 독서, 9~11시 가족회의, 11시 일기 쓰기, 12시 취침하는 식이다.

이런 식으로 계획을 세워 지키려고 노력하고, 지키지 못할 상황이 오면 또다시 계획을 세워 그것을 지키고자 한다.

강상엽 님의 경우도 마찬가지다. 새벽 1~2시에 일어나서 씻고 준비를 마친 후 회사에 오면 새벽 2~3시가 되는데, 그때부터 그는 하루를 시작한다. 블로그도 하고 사무실에 있는 자료도 정리하고 만날 고객들 리스트도 추리는 등 계획을 세워 하루를 보낸다.

협상형의 유튜버들은 이처럼 굉장히 체계적이고 효율적으로 삶을 살아간다. 이들은 하루하루 충실하게 살지 않는 사람들이 자신의 결과에 대해 불평하는 것을 비양심적이라고 생각하는 경우가 많다. 그래서 이 유형의 유튜버들은 열심히 살지 않으면서 누릴 거 다 누리고 많은 걸 바라는 건 말이 안 된다고 생각한다. 자신이 하는 일에 대해 최선을 다해서 살면 결과는 나쁠 수 없다고 이들은 믿는다.

아는 만큼만 전달하라

협상형의 유튜버들이 채널을 개설하기로 마음먹은 것은 정말 대단하고 큰 결심이다. 이 유형은 마음먹기 전까지의 과정이 힘들지, 일단 마음먹고 시작을 하면 무엇을 해도 성공할 확률이 높은 유형의 사람들이다.

협상형은 노력파다. 자신이 하는 일에 최선을 다해 노력하고 결과를 잘 맺으려고 한다. 협상형 유튜버들의 원동력은 간절함과 절박함이다. 일을 시작하면 어떻게든 성공시키려고 많은 노력을 한다. 협상형 유튜버들은 채널을 개설하는 것만 생각하지 않는다. 보조형 유튜버와 마찬가지로 준비성이 철저하다.

그래서 강상엽 님도 유튜브 채널을 개설하기 한참 전부터 스피치 교육을 받은 것이다. 유튜브에서 자신을 드러내는 것 중의 하나가 스피치인데, 그에게는 그 고민이 컸다. 말에 대한 자신감이 없어 두려워했던 것이다. 그래서 그런 부분을 극복하고자 미리 준비를 해 둔 것이다.

협상형의 유튜버들은 정보를 명확하게 알려 주는 정보성 콘텐츠가 어울린다. 만약 당신이 협상형의 유튜버라면 강상엽 님처럼 자신의 전문 분야를 살려 정보를 명확히 전달하는 콘텐츠를 추천한다.

강상엽 님의 경우 자신의 전문 분야인 신축빌라의 장점과 단점을 명확하게 알려 주는 콘셉트로 전문적인 정보를 단순 나열식이 아닌 스토리텔링으로 디테일하게 전달하고 있다. 블로그에 있는 내용이 정적인 사진 위주라면, 유튜버 동영상을 통해서 동적으로 옮겨 놓은 것이다.

유튜브를 하기로 마음먹었다면 1~2년만 반짝했다가 관두는 것이 아니라 30년 이상 할 것처럼 꾸준히 채널을 운영해야 한다.

전문성을 좋아하는 협상형의 유튜버들은 채널 개설 전에 많은 공부를 해야 한다. 자신과 비슷한 콘텐츠를 다루는 채널도 수시로 모니터하고, 얼굴만 등장하는 것이 좋은지, 자료를 어떤 형태로 동영상에 첨가하는 게 좋은지 등 편집적인 세세한 부분까지도 고민해 보아라.

이 유형은 무엇이든지 배우고 익히면 잘하기 때문에 자신의 채널을 활성화시키고 싶다면 폭넓은 시각으로 미리미리 준비를 하는 것이 바람직하다.

말주변이 없는 협상형의 유튜버라면 스피치에 더욱 신경을 쓰자. 똑똑하고 머리가 좋은 이 유형은 아는 만큼만 구독자들에게 전해도 절반 이상의 승리이다. 더 잘하려고 하지 말고 아는 만큼만 전달한다는 마음으로 스피치 연습을 해라.

협상형의 유튜버들은 사적인 자리에서는 의사소통을 잘하는 편이지만, 많은 사람들이 있거나 대중 앞에서의 스피치는 힘들어하는 경우가 많다. 그러다 보니 자연스러움과 위트 있는 스피치를 어려워한다.

이런 부분은 협상형 유튜버들이 극복해야 하는 요소 중 하나이다.

카메라 앞에 등장하는 유튜버의 표정이 굳어 있으면 보는 사람들이 불편하다. 그동안 몸에 밴 습관과 행동이 표정에 드러나는 것은 당연한 법이다. 표정도 자연스럽게 나올 수 있도록 노력해야 한다.

말은 입으로만 하는 것이 아니다. 마음을 열고 귀를 열고 몸을 열어야 한다. 아이 콘택트도 중요하다. 얼굴 표정도 열어야 한다. 굳어 있는 표정 대신 밝고 생기 있는 표정은 사람들을 동영상 앞으로 몰려들게 만든다. 말에는 반드시 표정이 들어가야 한다. 한 예로 아픈 표정을 지으며 "아파"라고 말하는 것과 무표정으로 "아파"라고 말하는 것은 상대방이 들었을 때 감흥의 차이가 크다. 모든 말에는 표정이 들어가야 하며 비언어적인 부분 또한 반드시 들어가야 한다.

표정이 굳어 있다면 뒤에서 소개하는 '미소 짓기 훈련'을 꾸준히 하면 개선이 가능하다.

비언어적인 의사소통은 직접적인 언어를 제외한 신체언어, 즉 자세,

몸짓, 의상, 인상, 표정 등을 말한다. 협상형의 유튜버들은 다음의 표를 통해 자신의 비언어적인 의사소통이 어느 정도인지 확인해 보고 점검해 보는 시간이 필요하다.

▶ 비언어적 의사소통 체크 리스트

비언어적인 의사소통	상태 점검
자세	말을 할 때 자세는 상반신이 중요하다. 거북목이 되거나 고개가 너무 앞으로 빠져 있으면 안 된다.
몸짓	몸짓을 쓰면서 말할 때는 손을 쓰면서 말해야 한다.
의상	의상은 콘셉트에 맞게 선택하면 된다. 예를 들어 아이들 대상의 콘텐츠라면 밝게, 전문지식이 필요한 콘텐츠라면 프로페셔널한 모습을 보여 주는 것이 좋기 때문에 정갈하고 세련되게 입는 게 좋다.
인상	인상은 무겁지 않게 웃는 표정으로 시작하자. 무거운 소재가 아니라면 입가에 미소를 지으며 이야기를 하자. 보는 사람들이 당신의 인상을 보고 호감을 느끼게 해라.
표정	표정은 곧 근육에서 나온다. 얼굴의 근육을 풀기 위해서는 의도적으로 말할 때 입을 크게 움직이고 얼굴 전체의 근육을 쓰려고 해라.

필자는 그와의 첫 만남에서 물었다.

"나중에 신축빌라 관련 강의를 할 계획이 있으신가요?"

당시에 그는 다음과 같이 말했다.

"아뇨, 절대 없죠. 유튜브 열심히 하려고 스피치 수업 듣는 거예요. 강의 계획은 앞으로 절대 절대로 없을 겁니다."

하지만 지금은 그의 마음이 달라졌다. 유튜버 활동을 하면서 그의 생각이 180도로 바뀌었다.

꿈이 하나 더 생겼다. 오프라인에서 신축빌라 관련 강의를 하거나 세미나를 여는 것이다.

유튜버가 되기로 결심했다면 꿈을 크게 꾸어라. 유튜브 채널을 활성화시키는 것뿐만 아니라 미래를 더 크게 그려 보자.

 협상형 유튜버는

- 협상과 조율을 잘한다.
- 자신의 직감을 믿는다.
- 부지런하다.
- 집중과 몰입을 잘한다.
- 독단적이거나 독선적이지 않다.
- 일에 대한 스트레스를 많이 받지 않는다.
- 보이지 않는 부분에서도 많은 노력을 한다.

04 이성형 유튜버

이성형의 유튜버들은 이성적이고 냉철하다. 이성적 판단이 빠르다. 분석력이 좋으며 민첩한 사람들이 많다. 사람에 대한 두려움이나 무대 공포증이 없는 경우가 많다. 분석적이기 때문에 현실 적응이 빠르다. 포커페이스가 많다. 그래서 이성형의 유튜버들은 말하기 전까지는 무슨 생각을 하는지 속을 알 수 없는 경우가 많다. 또한 스마트한 사람이 많으며 일을 잘하고 반복되는 것을 싫어한다. 같은 말을 반복적으로 하는 경우 손사래를 친다.

예를 들어, 이 유형의 자녀들은 부모님이 "공부했어?" "공부해야지." "공부 얼마나 했는데?" 이렇게 반복적으로 물어보거나 다그치면 오히려 공부를 등한시할 수 있다.

불필요한 말을 하는 것도, 듣는 것도 싫어한다. 요점과 핵심, 결론을 중시한다. 비유나 묘사보다 불필요한 내용과 군더더기 있는 말들을 없애고 요점 중심으로 전달하는 것이 어울린다.

내향적인 면이 강하지만 업무에 있어서는 치밀하게 목표 지향적으로 일한다. 숫자, 수치에 민감하다. 계산을 잘하며 수리에 능하다. 합리적인 사람들이 많다. 강점은 전문성이다. 하고자 하는 바가 있으면 전문적인 지식을 총동원해 진행한다. 그러므로 논문, 데이터 등을 바탕으로 한 채널을 운영하면 승산이 있다. 도표나 표, 그래프를 함께 활용하면 설득력이 높아지고 호소력 있게 콘텐츠를 보여 줄 수 있는 것이다. 똑똑한 사람들이 많은 이성형 유튜버들은 이런 부분들이 강점이다.

하지만 주위를 의식하는 성향이 강해 의견을 표출하거나 말을 잘하는 경우는 드물다.

이성형 유튜버들은 주위 시선에 신경을 많이 쓰기 때문에 생각한 만큼 반응이 좋지 않으면 금방 채널을 없애거나 포기하는 경우가 많다. 함께 시작한 다른 유튜버들의 채널이 자신의 채널보다 잘되면 불안해서 '나는 왜 안 되지?' '이제 그만해야겠다' 하는 생각이 강하게 든다. 다른 사람의 눈치를 보다 보니 어느덧 주체성은 없어지고 세상에 맞추어 살아가는 경우가 많다.

필자는 스피치 교육을 할 때 "눈치는 보는 것이 아니라 빨라야 한다"고 늘 말한다. 눈치를 본다는 것은 남의 시선을 신경 쓰는 것이고, 눈치가 빠르다는 것은 센스를 말한다. 센스 있는 대표적인 사람으로 개그맨 이수근이 있다.

각종 예능 프로그램에서 맹활약하는 그의 모습을 보면 정말 감탄을 하지 않을 수 없다. '어떻게 저런 멘트를 말할 수 있지?'라는 생각이 들 정도로 그 누구도 예상하지 못한 말들과 행동을 잘한다. 참 기발하다는 생각이 들 때가 많다.

그가 돌발 상황에서도 말을 재미있고 센스 있게 할 수 있는 것은 눈치를 보지 않기 때문이다. 주위 시선에 아랑곳하지 않고 말한다. 이성형 유튜버들에게 필요한 것이 바로 이런 부분이다.

이성형 유튜버라면 센스 있는 스피치를 해라. 눈치 보는 스피치를 하면 안 된다. 눈치를 보면 주눅이 들고 자신감이 없어진다.

"실패한 사람들은 현명하게 포기할 때 성공한 사람들은 미련하게 참는다"라는 말이 있다. 이성형 유튜버들이 반드시 생각해야 할 부분이다. 자신을 믿어야 한다. 다른 사람의 행동이나 소리에 일희일비하지 마라. 포기하지 않고 주체적으로 자신의 채널을 끌고 나갈 때 비로소 긍정적인 반응이 올 것이다.

눈치를 보지 않기 위해서는 자신감이 중요하다. 다른 사람의 시선을 의식한다는 것 자체가 자신감이 없다는 것이다. 눈치를 본다는 것을 행동으로 말하자면 고개는 돌리지 않고 눈동자만 움직이는 셈이다. 내가 남의 동태를 파악하고 있다는 것을 남들에게 들키지 않으려고 의식한다. 눈치를 보지 않는 것은 고개와 눈이 당당하고 떳떳하게 함께 가는 것이다. 보고 싶으면 보고, 보기 싫으면 안 보면 되는 것이다. 안 보는 척하지 말고 보려면 확실히 보아라. 행동과 마음 모두 눈치 보지 마라. '종욕득자연從欲得自然', 즉 눈치 보지 않고 개성대로 살아라.

이 세상에는 다양한 사람들이 함께 살아간다. 그런 다양성을 인정하며 사는 것이 세상이다. 다른 사람을 신경 쓰기보다 '너도 다르고 나도 다르다'는 생각으로 주체적으로 행동을 해라.

눈치도 습관이다. 눈치를 계속 보다 보면 어느 순간 나는 없어진다. 나의 의견보다는 다른 사람의 의견을 수긍하는 게 오히려 편하다는 생각을 하게 된다. 그러다 보면 어떤 결정을 할 때 나보다는 가족, 친구, 연인의 의견을 따라가게 된다. 마음속으로는 나의 이야기를 하고 싶지만 어느 순간 능동적인 인간이 아닌 수동적인 인간으로 바뀌게 된다.

감성 훈련을 하라

같은 질문을 해도 이성형 유튜버와 감성형 유튜버의 대답은 차이를 보인다.

Q) 본인의 장점 5가지를 말해 보세요.

이성형 유튜버의 경우,
A) 첫째, 저는 키가 큽니다.
둘째, 저는 차가 2대입니다.
셋째, 현재 저는 의사입니다.
넷째, 저는 재산이 많습니다.
다섯째, 저는 하버드대학교에서 공부를 했습니다.

감성형 유튜버의 경우,
A) 첫째, 저는 정직합니다.
둘째, 저는 착합니다.

셋째, 저는 배려를 잘합니다.

넷째, 저는 친구가 많습니다.

다섯째, 저는 효도를 하려고 노력합니다.

위에서 보는 것처럼 이성형 유튜버들은 실제적인 현상이나 사실 중심으로 말을 하고, 감성형 유튜버들은 감성이나 감정과 관련된 답변을 한다. 그래서 이성형 유튜버들이 보완해야 할 점이 바로 감성이다. 감성을 발달시키려면 감성 훈련을 해야 한다. 감성 훈련은 희로애락의 감정을 끌어내는 것이다.

이성형 유튜버들은 포커페이스가 잘된다. 마음속에 있는 감정이 얼굴로 잘 표현되지 않기 때문에 이야기를 들을 때 속으로 어떤 생각을 하고 있는지 짐작하지 못할 때가 많다. 그래서 다양한 감성 훈련을 통해 타인에게 나의 의견을 보여 주는 것이 필요하다. 감성 훈련 스피치를 하면서 자신의 감정을 표정과 마음으로 읽고 나타내려고 노력해라.

▶ 감성 훈련 스피치

- **喜**희(기쁨) 인생에서 가장 기뻤던 순간 떠올리기
  : 호흡이 올라가고 얼굴에 미소가 번진다.
- **怒**로(화남) 인생에서 가장 화났던 순간 떠올리기
  : 미간에 힘이 들어가고 인상을 쓰게 된다.
- **哀**애(슬픔) 인생의 가장 큰 슬픔을 떠올리기

: 울음이 나올 것 같고 입꼬리가 내려간다.

- **樂락(즐거움) 喜**와 비슷한 감정이다.

: 입꼬리를 따라 광대가 올라간다. 입꼬리를 의도적으로 끌어올려 말하면 눈도 웃게 되고 목소리도 상냥하게 바뀐다.

표현력이 부족한 이성형 유튜브들은 굳어 있던 얼굴 근육을 쓰는 것부터 감성을 끄집어내는 것까지 감성 훈련을 하는 것이 많이 힘들 것이다. 하지만 무엇이든 할수록 느는 법이다.

유튜브 채널을 잘 운영하고 싶다면 이성형 유튜버들은 말할 때 자신에게 부족했던 감정을 넣어 전달하면 훨씬 좋다. 가령 어떤 내용을 전달할 때 배드 뉴스bad news와 굿 뉴스good news를 각각의 느낌에 맞게 감정과 표정을 넣어 전달하는 것이다. 좋지 않은 소식은 씁쓸한 느낌으로 얼굴에서부터 표현하여 전달해야 하고, 기분 좋은 소식은 기쁘게 전달해야 사람들 마음에 더욱 와닿는다. 유튜버는 감정을 담아 자신의 의견을 표현해야 구독자들이 더 좋아한다.

좀 더 구체적인 예를 들자면, 요즈음 같이 우리나라와 일본의 관계가 좋지 않은 상황에서 일본과 관련된 내용을 말할 때 웃으면서 하는 사람이 있을까? 반대로 기분 좋은 축제 소식을 전한다고 했을 때 울면서 소식을 전달하면 어떻겠는가? 내용에 맞게 감정을 싣고 전달해야 한다. 일부러 감정을 만들어 내는 것이 아닌 콘텐츠 그대로의 느낌을 영상에 담으려고 노력하면 감정이 저절로 들어가게 된다. 필자 또한 강의를 할 때 감정을 표현한다. 얼굴 표정, 심호흡, 동공의 떨림 등 이 모든 것이 다 감정에서 나온다.

필자가 운영하고 있는 스피치 학원에는 아주 큰 거울이 있다. 수강생들이 스피치를 할 때 자신의 표정을 보고 감정의 흐름을 느끼며 말해야 하기 때문이다. 자신의 표정, 자세, 눈빛, 제스처 등을 거울을 보면서 확인하며 말할 수 있다.

자신의 표정이 마음에 들지 않는다면 의식적으로 거울을 자주 보아라. 유튜브 영상을 촬영하기 전에 미리 거울을 보면서 좋지 않았던 자신의 습관적인 표정, 눈빛, 자세를 확인하면서 연습을 해라.

평상시에 잘 웃는 사람도 카메라 앞에만 서면 표정이 굳어지는 경우가 많다. '카메라가 앞에 있네?'라는 생각이 들면서 누군가에게 자신을 보여 주려고 함이 크기 때문이다. 그렇게 되면 어깨도 올라가고 호흡과 말이 빨라지고 표정도 굳게 되어 영상을 제대로 찍을 수 없는 상황이 된다. 카메라가 있건 없건 나는 나대로 스피치를 즐긴다는 생각으로 해야 한다.

사람들은 오로지 영상에 등장하는 당신의 모습을 보고 느낀다. 사람들에게 전하는 스피치에는 표정이 있어야 하고 즐겁고 재미있게 말해야 한다. 그래야 얻을 수 있는 플러스 요인도 많아진다.

7만여 명의 구독자(채널명 '박민수박사')를 보유한 가정의학과 의사 박민수 박사님은 말씀을 참 잘한다. 어려운 의학 정보를 친근한 모습으로 쉽고 재미있게 잘 알려 준다. 그래서인지 원장님의 유튜브 영상을 보고 병원에 찾아오는 환자들도 꽤 된다고 한다.

유튜버로 활동하다 보면 어느 순간 말하는 것을 즐기고 좋아하게 될 것이다. 반복적으로 촬영하다 보면 말하는 것을 즐기게 되고, 즐기게 되면 실력이 는다. 무엇이든지 많이 할수록 느는 법이다. 그런 당신의 모습을 가장 빨리 알아채는 사람들은 구독자들이다. 구독자들은 당신의 환한 모습을 보면서 '좋아요' 버튼을 누를 것이고, '좋아요'의 엄지척 숫자가 올라간 것을 확인한 당신은 기분이 좋아져서 더 열심히 영상을 준비하려 할 것이다.

유튜버로 활동하는 사람은 1인 기업가라 할 수 있다. 1인 기업은 본인이 모든 것을 스스로 책임져야 한다. 누가 대신 해 주지 않는다. 내가 브랜드이고 홍보 수단이다. 1인 기업에서 홍보가 가장 중요하다고 할 수 있는데, 이것의 기본은 당연히 스피치이다.

스피치를 통해 나를 상대에게 드러낼 수 있다. 초면인 상황에서 상대방에게 나를 표현하고 나타낼 때 스피치 훈련이 되어 있는 사람과 그렇지 않은 사람은 차이가 난다.

말을 잘하면 설득력이 높아 일에서도 성과가 크고 인정도 받는다. 그에 반해 양질의 좋은 콘텐츠와 상품이 있어도 말을 잘 못해 설득을 못하면 성과도 저조하고 인정도 받지 못하게 된다.

여태껏 그 누구도 시도하지 않은 참신한 콘텐츠가 있는데도 유튜브 채널에서 제대로 설명하지 못하고 웅얼대면 누가 그 채널을 구독하고 보겠는가? 오히려 다른 사람이 당신의 콘텐츠를 따라한다고 하더라도 그가 말을 더 잘하면 사람들은 그 채널을 구독하게 되어 있다. 콘텐츠와 전달력, 두 마리 토끼를 모두 잡아라. 사람들은 그것을 원한다.

스피치를 잘하면 자존감이 올라간다. 사람의 자존감은 상황에 따라 달라진다.

공부를 열심히 해서 좋은 대학에 가면 자존감이 높아졌다가도 사랑하는 연인과 이별을 하고 난 후에는 실연의 아픔을 겪으며 자존감이 낮아진다. 그러다가 대학 졸업 후 좋은 직장에 취직하면 자존감이 다시 높아졌다가 나보다 결혼을 잘한 것 같은 친구를 보면 자존감이 낮아지기도 한다. 또 이른 나이에 내 집 마련에 성공하면 자존감이 높아졌다가 내 자식보다 공부 잘하는 자식을 둔 이웃집을 보면 다시 자존감이 낮아진다.

당신도 예외가 아니다. 유튜브를 촬영하면서도 그럴 것이다. 촬영이 잘되거나 구독자 수가 많아지면 자존감이 높아졌다가, 촬영이 잘 안되거나 댓글 반응이 좋지 않으면 자존감은 다시 떨어질 것이다.

이처럼 자존감은 상황에 따라 변하게 마련이다. 하지만 앞서 말한 대로 남의 눈치를 보지 않고 주체적으로 자신을 믿고 영상을 올리다 보면 자존감은 또 금방 높아진다.

유튜버 활동을 하면서 자존감이 높아진 자신을 발견하며. 유튜브가 당신의 삶에 큰 매력으로 다가가길 기대해 보자.

이성형 유튜버는

- 이성적이고 냉철하다.
- 분석력이 좋으며 민첩하다.
- 무대공포증이 적다.
- 감정에 대한 두려움, 설렘이 적은 편이다.
- 스마트한 사람이 많으며 일을 잘한다.
- 반복을 싫어한다.
- 목표 지향적이다.

05 감성형 유튜버

감성형 유튜버들은 감정이 매우 발달되어 있다. 표현을 잘하며 감정에 우선순위를 두기 때문에 말할 때 과장하는 면이 있다. 서비스업이나 시인, 예술가, 예능에 특화된 사람들이 대부분 감성형 유튜버에 속한다.

또 감성형 유튜버들은 구독자가 느끼는 것에 연연하기보다 한 명의 구독자라도 늘 한결같길 바라는 마음이 더 크다.

사람들과 의견이 충돌될 경우에는 숨기지 못하고 얼굴과 말에 다 드러난다. 최선을 다해 상대의 마음을 읽으려 노력하지만 도무지 설득이 되지 않는 경우에는 끝까지 자신의 의견을 어필하지는 않는 경우가 많다. 그리고 내 의견을 관철시키지 못한 것 때문에 분하고 억울해하기보다는 그걸로 만족해하는 경우가 많다. 그만큼 열린 마음을 갖고 있다.

또 분위기에 따라 일의 능률에 큰 차이를 보인다. 유튜브 촬영을 할 때 컨디션에 영향을 가장 많이 받는 유형이 바로 감성형 유튜버이다.

감성형 유튜버들은 감정에 솔직하지만 서툰 경향이 있다. 감정에 너무 충실하다 보니 앞뒤 상황을 생각하지 않는 경우도 종종 있다. 현실적이기보다 자신의 감정과 본능에 충실한 유튜버 유형이다.

재미난 사람들이 많다. 감성형 유튜버들은 기발한 아이디어와 엉뚱한 사람이 많다. 대표적인 인물이 개그맨 신동엽이다. 그는 필자의 대학 선배이기도 하다.

그와 관련한 재미난 일화 하나를 소개하자면 수업 중 교수님이 "신동엽, 가서 커피 한 잔!"이라고 말씀하시자, 그는 곧바로 의자에서 일어나 강의실을 빠져나갔다고 한다. 몇 분 후 그는 빈손으로 들어와 강의실에 앉았다.

의아해진 교수님께서 "신동엽, 커피는?"이라고 물어보자, 그는 특유의 천진난만한 웃음을 보이며 "좀 이따 올 거예요"라고 대답했다.

30분쯤 지났을까? 한 손에 커피 보온병을 든 '다방 아가씨'가 껌을 질겅질겅 씹으며 강의실로 들어오는 게 아닌가. 그녀는 "커피 왔습니다" 하고는 교수님께 커피 한 잔을 따라 드렸고, 교수님이 커피를 다 마실 때까지 기다렸다가 보온병을 수거해 유유히 강의실을 떠났다고 한다. 화가 난 교수님께서 "신동엽!"이라고 고함치자, 신동엽 선배는 "커피 한 잔이라고 말씀하셨지, 배달은 안 된다고 말씀하시진 않으셨잖아요?"라고 능청스럽게 말했고, 강의실은 웃음바다가 되었다고 한다. 이 이야기는 우리 학교의 전설적인 일화로 유명하다. 신동엽 선배가 라디오 방송에서 직접 이야기하기도 했다.

일반적인 상식이라면 그 누가 커피를 강의실로 배달시킬 생각을 했겠는가? 상상 초월 아닌가? 비상하고 특이하고 엉뚱하지만 재미있다. 감성형 유튜버들은 이런 점을 살리는 게 좋다. 재치 있는 상황을 영상에서 자주 보여 주어라. 같은 말을 해도 밉지 않고 능청스럽다.

동영상 촬영을 하고 나서도 편집이라는 기술이 있기 때문에 생각나는 멘트들이 있다면 참지 말고 모두 해 보아라. 편집을 하면서 "내가 이런 말을 했었어?"라며 스스로도 놀랄 때가 있을 것이다. 같은 말을 해도 이들이 말하면 재미있고 호응도 좋다. 설득의 스피치보다는 재미와 위트를 살리는 말이 좋다. 유튜브 스타 박막례 할머니가 그렇다(채널명 '박막례 할머니 Korea Grandma ', 구독자 수 116만 명).

박막례 할머니는 과학기술정보통신부장관 표창을 받을 정도로 유튜브를 통해 제2의 인생을 살고 있다. 박 할머니는 병원에 갔다가 가족들이 유전적으로 치매가 많으니 할머니 또한 치매가 올 수도 있다는 이야기를 듣고는 그 즉시로 손녀와 단둘이 호주로 여행을 떠났다고 한다. 그리고 손녀가 그걸 영상으로 찍어 유튜브에 업로드하면서부터 본격적으로 유튜버로 활동하게 되었다.

박막례 할머니는 유튜버, 손녀는 PD로 활동하는데, 두 사람끼리는 아이템 회의나 원고가 없다. 할머니는 원고가 있으면 오히려 불편하다고 한다.

감성형 유튜버들은 상황만 만들어 주면 그 상황을 재미있게 이끌어 갈 정도로 끼가 많다. 앞뒤 재지 않고 본능에 따라 말한다. 적극적인 성격이 많은 감성형 유튜버들에게 움직임이 많은 콘텐츠도 좋다. 자신의 캐릭터를 제대로 보여 줄 수 있기 때문이다.

박막례 할머니도 일부러 만들어서 행동하지 않는다. 할머니가 하고 싶은 말을 하고 행동하면 사람들은 그녀의 모습을 보며 웃는다.

감성형 유튜버들은 낯가림이 없고 스피치를 할 때에도 사람에 대한 두려움이 없는 편이다. 그래서 남녀노소 상관없이 누구와도 소통을 잘 하는 경우가 많다.

박막례 할머니의 영상을 보면 정말 다양한 사람들과 함께하는 것을 볼 수 있다. 대화가 통하지 않는 외국인을 만나건, 자신보다 한참 어린 사람을 만나건, 인지도 있는 연예인을 만나건 전혀 불편한 기색이 없다.

그녀의 행동은 참 정감 간다. 말하는 모습을 보면 걸쭉하고 약간 거친 느낌도 있지만, 모습 자체가 꾸밈이 없기 때문에 인위적이지 않은 날것의 느낌을 생생하게 받는다. 굉장히 재미있다. 그녀의 행동에서 매력이 철철 넘쳐흐른다.

할머니는 비언어적인 부분에서부터 자신의 캐릭터를 잘 소화한다. 할머니의 용모와 복장이 그녀의 행동과 조화를 잘 이루고, 화통하고 화끈한 그녀의 목소리도 그녀의 캐릭터인 셈이다.

이런 부분들이 구독자들에게 많은 사랑을 받을 수 있도록 한다. 박막례 할머니도 목소리가 크고 말에 힘이 있다. 연세가 있어 귀가 어두워 가끔 사람들의 이야기를 놓치는 경우가 있긴 하지만, 그래도 연세에 비해 목소리가 청명한 편이다. 박막례 할머니가 웅얼대며 들리지 않는 목소리로 소극적으로 말을 했다면 지금과 같은 사랑을 결코 받지 못했을 것이다.

쉬운 스피치를 하라

사람들은 어려운 것을 싫어하고, 쉬운 걸 좋아한다.

일전에 모 기업의 상무님과 함께 식사를 한 적이 있는데, 그때 상무님께서 "요즈음 사람들은 글을 너무 어렵게 써"라고 말씀하셨다. 그러면서 그는 직원들에게 "보고서를 쓸 때 초등학교 6학년 국어책을 읽어 봐라. 그럼 보고서를 쉽게 쓸 수 있을 것이다. 쉽게 읽히는 보고서를 써라"라고 말씀하신다고 했다.

말도 마찬가지다. 진짜 말을 잘하는 사람들은 말을 길고 장황하게 하지 않는다. 어렵지 않고 쉽게 말한다. 요점을 중심으로 누구나 잘 알아들을 수 있게 쉽게 말하는 것이 진짜 말을 잘하는 것이다.

역사 콘텐츠를 제작하고 있는 설민석이 대표적인 감성형 유튜버이다. 설민석 강사는 사람들이 알아듣기 쉽게 말한다. 그가 등장하기 전까지 필자 또한 역사는 어렵고 심도 깊은 것이라고만 생각을 했었다. 하지만 그가 설명하는 영상을 보니 역사는 어려운 것이 아니라 재미있고 당연히 알아야 하는 것으로 생각이 바뀌었다.

설민석은 다른 강사들과 달리 내용만 전달하는 것이 아니라 강의를 연기하듯이 한다. 몰입도가 높고 재미있다. 그의 이야기는 생동감이 넘쳐 역사에 대한 흥미를 자연스럽게 불러일으킨다.

사람들은 그가 대학에서 역사를 전공한 걸로 알고 있지만, 그는 사극 연출가를 꿈꾸던 연극학도였다. 대학 졸업 후에야 비로소 역사에 뜻을 품고 대학원에 진학해 역사 공부를 시작했다고 한다. 그래서인지 그의 강의를 들으면 내용이 이미지화되고 몰입이 되어 계속 듣고 싶어진다. 다른 강사들과의 차이점이 바로 이것이다.

그는 발성과 발음도 좋다. 설민석의 강의를 보고 듣다 보면 발성과 발음이 매우 정확하고 소리가 귀에 꽂힌다는 것을 알 수 있을 것이다. (발성과 발음에 관련된 부분은 뒤에 나오는 '유튜버의 목소리'에서 자세히 설명하겠다.)

깊이 있게 내용을 전달하는 역사 강사들은 참 많다. 하지만 설민석처럼 강의를 하는 사람은 오직 그 사람 하나뿐이다. 그는 감정을 담아 감성적으로 역사를 풀어 준다. 그래서 많은 곳에서 그에게 러브콜을 보낸다. 대학에서 연극영화를 전공했지만 연기를 할 때보다 오히려 역사 강의를 하면서 방송국에서 그를 찾는 경우가 훨씬 많다. 감정 섞인 연기를 하면서 강의를 하기 때문이다.

요즈음 한 방송국에서 독서 프로그램을 진행하고 있는데, 책의 줄거리에 대해 설명하는 그의 모습은 내용에 몰입하게 만들고 이미지화되어 머릿속에 남는다.

역사 강의를 재미있고 생동감 있게 전달하는 사람이 설민석이라면, 개인적으로 경제, 경영 등 흔히 사람들이 어려울 거라 생각하는 분야에 그처럼 재미있게 풀어 나가는 유튜버가 나왔으면 하는 바람이 있다. 이 책을 읽고 있는 당신일 수도 있다. 엉뚱하고 독특한 면이 있는 감성형 유튜버라면 비장의 무기를 가지고 있어야 한다. '나만의 비장의 카드'를 만들어라.

다른 사람이 아닌 왜 나여야만 하는지, 왜 내 유튜브 채널이 다른 채널과 달라야 하는지 더 많이 생각하고 자료들을 수집해야 한다. 그 이유는 감성형 유튜버들은 말하고 행동하는 모든 것이 언제 어느 순간 이슈가 될지 모르기 때문이다. 이것은 당신의 기발함이다.

유튜브에 재미를 붙이면서 팟캐스트에도 함께 도전해도 좋다. 팟캐스트는 목소리로만 소통을 하는 것이다. 따라서 호흡이나 전달력에 더 힘써야 하는 반면, 유튜브는 소리뿐만 아니라 영상을 통해 내 모습도 함께 전달된다.

팟캐스트와 유튜브를 함께 진행할 경우에는 방송에 대한 두려움도 더 빨리 극복될 것이며, 스피치도 더 빨리 향상될 것이다. 필자가 지도했던 모 교수님은 현재 유튜브와 팟캐스트에서 활발하게 활동 중이다. 팟캐스트와 유튜브는 라디오 드라마와 TV 드라마의 차이라고 생각하면 이해가 쉬울 것이다. 라디오는 보이지 않기 때문에 호흡과 발성, 발음이 영상보다 더 중요하다.

스피치는 자신이 자라난 환경에 영향을 많이 받는다. 아이의 성격이 느긋하면 부모님도 그런 편이 많고, 부모의 성격이 급하면 아이들도 그런 경우가 많다. 옆에서 보고 듣고 자라니 당연한 것이 아니겠는가. 필자 또한 부모님의 성격을 많이 닮았다. 두 분 모두 외향적인 성격으로 말하는 것을 즐기고 감정 표현을 잘하신다. 목소리도 크시다. 반면에 내 친구 중 한 명은 부모님 두 분 모두 교사신데, 굉장히 진중하고 말수가 적으시다. 그래서 내 친구 또한 말수가 적고 진중한 편이다.

이처럼 어린 시절부터 주위에 함께하는 사람들의 스피치가 내 스피치에도 영향을 끼친다. 만약 이 책을 읽는 당신이 기혼자라면 당신의 스피치가 아이에게 어떤 영향을 미치고 있는지 생각해 보아라. 부부끼리 소통은 잘되는지, 아이를 다그치지는 않는지, 자신의 이야기를 주도적으로 하는지 등등을 말이다. 뿐만 아니라 타인과의 소통도 생각해 보아라. 사람들과 소통을 잘하는 사람은 구독자들과도 소통을 원활하게 잘할 수 있다. 반면에 단지 한 사람과만 소통이 안 된다면 그 사람이 문제일 수 있지만, 여러 사람들과 소통이 자주 안 되면 원인이 나인 경우가 많다.

소통을 잘하기 위해서는 먼저 자신을 잘 알아야 한다. 감성형 유튜버들은 자신을 점검해 보며 자신의 화법이 어떤지 확인해 보자.

 ## 감성형 유튜버는

- 표현을 잘한다.
- 감정에 우선순위를 둔다.
- 말할 때 약간의 과장이 들어간다.
- 포커페이스가 잘되지 않는다
- 본능에 충실한 편이다.
- 개방적인 사고와 열린 마음을 갖고 있다.
- 솔직하지만 서툴다.

PART 2

유튜버의 목소리

▶

'진정성' 있게 말하는 것이 스피치의 핵심이다.

01 발음

좋은 발음

발음이란 말의 소리를 낸다는 뜻으로, 혀, 이, 입술 등을 이용하여 자음과 모음을 하나하나 정확하게 내는 소리를 말한다.

발음이 좋고 나쁨을 말하는 것은 자음과 모음을 정확하게 소리 내느냐 못 내느냐의 차이이다. 좋은 콘텐츠가 있어도 발음이 불분명하거나 부정확하면 무슨 말인지 도통 알아들을 수 없다. 그래서 유튜버들은 발음을 정확하게 해야 할 필요성이 있다. 외적인 부분이 뛰어나도 말하는 모습이 별로면 매력적으로 다가가지 못한다.

말을 매력적으로 하기 위해서는 발음이 매우 중요하다. 발음을 정확히 하면 이미지도 좋아 보이고 자신의 의견 전달을 잘할 수 있어 자신감이 생긴다. 자신감이 생기니 덩달아 당당하게 자신의 의견을 조리 있게 잘 전달할 수 있다.

사람은 누구나 강조해서 전달하고 싶은 부분이 있다. 강조하고 싶은 말을 잘 전달하려면 발음이 매우 중요하다. 유튜버를 하고 싶어도 얼굴이 드러나는 것이 불편해 유튜버를 포기한다는 사람도 있다. 평범한 직장인들이 그렇다.

평범한 사람들이 카메라 앞에서 자신의 얼굴을 노출한다는 것은 큰 결심이 필요하다. 이런 사람들은 자신의 목소리와 발음에 자신이 있다면 얼굴 노출 없이 진행해도 나쁘지 않다. 소리만으로도 진행이 가능하다는 것이다.

유튜버가 반드시 얼굴을 드러낼 필요는 없다. 유튜브 영상을 보다 보면 간혹 가면을 쓰거나 얼굴 부분을 CG 처리를 하고 음성만으로 유튜버 활동을 하는 경우도 종종 볼 수 있다.

가수 조성모는 '얼굴 없는 가수'로 마케팅에 성공했다. 그가 등장하기 전까지 가수는 반드시 무대 위에서 얼굴을 비춰 주어야 한다는 생각이 강했다. 하지만 그는 처음에 얼굴을 노출하지 않았다. 그의 목소리를 사람들에게 먼저 들려주고 몇 개월이 지나 얼굴을 공개했다. 유튜버도 그렇게 할 수 있다. 목소리에 자신이 있다면 굳이 처음부터 얼굴을 노출하지 않고 음성으로 승부를 보면 된다. 목소리로 유튜버 도전을 하면 되는 것이다. 일명 '더빙 유튜버'라고 부른다. 더빙 유튜버들은 얼굴이 드러나지 않기 때문에 전달력에 더 신경을 쓰고 발음에 집중해야 한다. 발음을 더 정확하게 해야 하는 것이다.

더빙 유튜버의 종류

- **병맛 더빙**

  유튜버 생명력이 다한 기존 영상을 '병맛'*으로 더빙하여 새롭게 2차 콘텐츠로 제작하는 영상

  * 맥락 없고 형편없으며 어이없음을 뜻한다. 주로 대상에 대한 조롱의 의미를 내포하고 있다.

- **지식 유튜버**

  영화, 책 리뷰 등 목소리로 내용 소개

더빙으로 진행되는 영상을 하고 싶다면 발성과 발음에 더욱 신경 써라. (발성은 뒤에서 자세히 설명하겠다.) 우선 발음을 정확하게 하려면 모음에 신경을 써야 한다.

모음 발음을 잘하면 유튜브 채널 개설 후 스피치를 할 때 좀 더 명확하고 구체적으로 구독자들에게 내용을 잘 전달할 수 있다.

발음을 정확히 하면 표현이 잘된다. 발음이 좋지 않은 사람들이 말을 하면 주변에서 "뭐라고? 지금 뭐라고 했어?"라고 반응하기 때문에 스스로 '내가 발음이 안 좋은가?' '왜 사람들은 내 이야기를 못 알아듣지?' '차라리 말하지 말까?'라고 생각하면서 주눅이 든다. 반면에 발음이 좋은 사람들은 나의 의견을 타인들이 명확히 잘 알아듣기 때문에 말하는 재미를 붙이고 표현을 더 잘하게 된다.

유튜브 채널을 개설한 후 사람들이 당신의 영상을 보고서 "발음이 너무 새요" "볼륨을 크게 해도 무슨 말인지 모르겠어요" 이런 식의 댓글을 달면 기분이 좋지는 않을 것이다. 그러므로 발음이 좋아지도록 꾸준히 연습해야 한다. 발음을 연습하는 방법 중 하나는 와인 코르크 마개를 활용하는 것이다.

인터넷 포털 검색창에서 '코르크 마개'를 검색해 보면 연기자들이 발음을 교정할 때 그것을 활용한다는 기사를 많이 볼 수 있다. 코르크 마개를 활용하면 발음을 정확하게 하는 데 도움을 준다. 혀에 힘이 없는 사람들은 어미 처리가 풀리거나 ㅅ자 발음이 힘들어 발음이 새는 경우가 많은데, 앞니로 코르크 마개를 물고 글을 읽으면서 연습하는 것이다.

간혹 펜을 물고 연습하는 사람이 있는데, 필자는 코르크 마개를 더 선호한다. 펜을 물고 연습하면 입술 양쪽 끝에 힘이 과하게 들어가기 때문이다.

그리고 자음과 모음은 발음이 제각기 다르고 발음을 할 때 입 모양이 바뀌어야 하는데, 볼펜을 물면 입술 양옆에 계속 힘이 들어가서 변화를 느끼기가 어렵다. 때문에 코르크 마개로 발음 연습하는 것이 훨씬 좋다고 개인적으로 생각한다.

예전에 미스코리아에 출전하는 사람들은 미용실에서 스피치 연습을 했다고 한다. 진행자가 묻는 질의응답에 대한 준비를 미용실에서 한 것이다. 입술에 펜을 물고 머리에 큰 잡지책을 올려놓고 워킹과 스피치 연습을 했다고 한다. 실제 과거의 미스코리아 출전 영상을 보면 하나같이 양쪽 입술이 올라가 있고 입은 웃고 있지만 부자연스럽고 말할 때 입이 잘 벌어지지 않는다. 복화술을 하는 것처럼 굉장히 어색해 보인다. 그래서 발음 연습을 할 때는 펜보다 코르크 마개를 적극적으로 활용해 보길 바란다.

하지만 어린이들이 유튜버를 꿈꾼다면 어른들과는 달리 발음 연습을 하기보다 자신의 의견을 잘 표현할 수 있도록 말하는 것이 더 먼저다. 발음 교정을 하면서 언어 능력을 발달시키는 것이 아니라 언어 능력이 발달된 후에 발음 교정을 하도록 하는 것이 맞다. 어린이들의 경우, 발음에만 지나치게 신경 쓰면서 말을 하면 내용 전달을 제대로 할 수 없기 때문이다.

발음 연습 방법

사회생활이 힘들 정도로 말을 심하게 더듬었던 20대 남성을 지도한 적이 있었다. 그가 보이스 교육을 받고자 한 이유는 단 하나였다. 보통 사람들처럼 말을 더듬지 않고 하는 것이었다. 어느덧 열심히 수업을 듣고 훈련을 하다 보니 말 더듬는 것을 고치게 되었다. 그리고 더 욕심이 생겼는지 그는 발음 교정도 하고 싶다고 했다. 그래서 발음 교정 수업을 통해 사회생활을 하는 데 아무 지장이 없을 정도로 발음도 정확해졌다.

말하기에 재미를 붙인 그는 스피치 수업도 들었다. 보이스 수업과 스피치 수업은 다르다. 보이스 수업은 목소리와 발음, 발성에 관련된 수업이고, 스피치는 말을 잘하고 싶은 사람이 듣는 수업이다. 그는 보이스와 스피치 교육을 모두 수료했다. 그의 과거 모습을 알던 사람들은 변화된 그를 보면서 정말 놀라워하며 그를 대단하게 생각했다. 그런데 어느 날 그가 필자에게 선전포고를 했다.

"저도 원장님처럼 아나운서가 되고 싶어졌어요."

처음에 필자는 그의 말을 의심했다. 말 더듬는 것만 고치길 원했던 그가 갑자기 아나운서가 되고 싶다고 말하다니! 그가 말한 사실이 믿기질 않았다. 필자가 수업을 지도할 때의 철칙은 '진정성'이다. 그래서 솔직히 말했다.

"진짜 아나운서가 꿈이 되었니? 말에 재미를 붙이고 즐기게 돼서 정말 보기가 좋구나. 그런데 지금은 아직 부족한 부분이 많단다. 더 많은 연습과 준비가 필요해. 아나운서는 경쟁률도 세고 잘하는 친구들도 정말 많아. 지금 상태에서는 무리야."

필자는 그에게 허황된 꿈을 심어 주는 것이 싫어 현실적으로 조언을 해 주었던 것이다. 그로부터 3개월 뒤 그가 다시 찾아왔다.

"연습을 많이 하고 왔어요. 제가 뉴스 기사 한번 읽어 봐도 될까요? 원장님, 냉정하게 평가해 주세요."

그래서 필자는 그에게 기사 하나를 읽어 보도록 시켰다. 예전보다 훨씬 더 좋아졌다. 하지만 필자는 아직도 그가 아나운서가 되기에는 많이 부족하다는 것을 느꼈다.

"정말 잘한다. 예전의 내 모습은 하나도 보이질 않아. 하지만 현재 이 상태에서도 아나운서 시험에 합격하기는 힘들어. 발음도 더욱 정확히 해야 하고, 장단음도 신경 쓰고, 복식호흡에도 더 신경 써야 해."

그로부터 또다시 4개월이 흘렀다. 그가 다시 찾아왔다.

"원장님, 다시 원고 읽어 볼게요."

필자는 깜짝 놀랐다. 아직 완벽하지는 않지만, 단기간 준비한 것치곤 괜찮았다. 그래서 필자는 "얼마 전 지방 케이블 방송국에 아나운서 모

집 공고가 떴는데, 경험 삼아 지원해 볼까?'라고 말했고, 최선을 다해 그는 시험을 보았다. 경험 삼아 부담감 없이 시험을 보아서인지 결과는 합격이었다.

지금 그는 지방에서 케이블 방송국 아나운서를 하고 있다.

이 이야기를 글로 적는 순간에도 필자는 전율을 느낀다. 말을 심하게 더듬었던 청년이 지금은 아나운서가 되어 사람들에게 뉴스를 생생하게 전해 주는 모습! 이건 실로 영화 같은 이야기가 아니라 현실이다. 가끔 인터넷 다시보기를 통해 그가 뉴스 진행하는 모습을 보면 너무나 기쁘다. 그가 새로운 꿈을 찾고 밝은 표정으로 지내는 것을 보면 정말 행복하다. 이 책을 읽고 있는 당신도 노력하면 말을 잘할 수 있고, 좋아하는 일을 할 수 있다.

사람 일은 아무도 모르는 법이다. 이 책을 읽는 당신이 유명 유튜버 '대도서관'을 뛰어넘는 유튜버가 될지 말이다.

어려서부터 스피치 훈련을 하면 말에 대한 올바른 습관이 생겨 또래 친구보다 전달력도 좋아지고 씩씩하게 말할 수 있다.

초등학교 반장선거를 할 때에도 내용은 빈약하지만 씩씩하고 큰 목소리로 정확하게 발음을 하면 좋은 결과를 얻을 수 있다. 연설문 내용이 좋아도 작은 목소리로 옹알이하듯 웅얼거리며 연설을 하면 좋은 결과를 얻을 수 없다.

발음을 정확히 하려면 우선 천천히 말해야 한다. 급하면 말이 꼬이게 되고 발음도 부정확하게 된다. 만약 당신의 발음이 부정확하다면 세 가지를 생각해라.

첫째, 천천히 말해라. 그러면 여유가 생기게 되고, 여유가 생기면 발음도 편하게 나온다.

둘째, 입을 크게 벌리고 말해라. 입을 크게 벌려 발음하면 또박또박 말할 수 있다.

셋째, 혀의 움직임을 느껴라. 웅얼대지 마라. 말끝을 흐리지 말고 힘주어 말해라. 그래야 발음이 정확하게 나온다. 소리를 안으로 먹으려 하지 말고 내가 현재 서 있는 위치에서 앞 건물까지 소리를 포물선으로 보낸다는 생각으로 말해라.

비염이 있는 사람들은 말할 때 말끝이 흐려지거나 소리가 가늘어지기 때문에 발음에 대한 고민이 많다. 비염이 있는 경우, 코에 소리를 걸어 말을 하게 되므로 발음이 웅얼대고 뭉개지기 때문이다. 발음이 부정확하면 소통이 잘 안되고 로봇처럼 말투도 딱딱해진다.

말할 때 발음을 정확히 하면 사람을 이해시키는 것도 수월하다. 가령 당신의 유튜브 영상을 보던 사람들이 궁금한 점이 생겨 댓글란에 질문을 남겼다고 하자. 채널 운영자도 자신의 영상을 좋아해 주는 구독자에 대한 감사함으로 질문에 대한 답변을 영상으로 촬영해 업로드했다. 그런데 열심히 준비해서 영상을 올렸는데 웅얼대다가 끝나 버린 모습을 보고 이번에는 다른 댓글이 달린다.

"무슨 말 하는 거예요?" "괜히 물어봤네. 인터넷에 검색할걸."

이런 댓글을 보면 기분이 좋지 않을 것이다. 정확한 발음으로 말하는 자신의 모습을 영상에 담자.

발음이 정확하면 전달하고자 하는 의도대로 말을 잘할 수 있다. 슬픈 이야기는 더 슬프게, 기쁜 이야기는 더 기쁘게, 무서운 이야기는 더 무섭게 전달할 수 있다. 발음을 정확히 하고 싶다면 MC, 아나운서, 쇼핑호스트들의 모습을 모니터하는 것도 도움이 된다.

"영어를 잘하려면 많이 들어야 한다"라는 말을 들어 본 적 있을 것이다. 영어뿐만 아니라 모든 언어는 많이 보고 들을수록 실력이 향상된다. 말을 잘하고 싶다면 말 잘하는 사람들의 모습을 많이 보고 들어야 한다. 아나운서 지망생들도 현역 아나운서들의 방송을 많이 모니터한다.

현재 유튜브 채널을 운영하거나 앞으로 운영할 계획이라면 발음에 신경 쓰자. 유튜버로 활동한다는 것은 나를 사람들에게 알리고 나의 콘텐츠를 파는 것이다. 각인시키고 이해시키는 것이다. 모든 것이 세일즈인 것이다. 물건을 파는 상인들, 홈쇼핑에서 물건을 파는 사람들만의 일이 아니다. 유튜버도 자신의 콘텐츠를 팔기 위해 노력해야 한다. 거기에 일조하는 것이 바로 발음이다.

인간은 살아가면서 무수히 많은 말들을 한다. 대화, 연설, 고백, 독백, 토론, 토의 등 입에서 나오는 모든 말을 할 때 의식적으로 발음을 정확히 하려고 노력해라.

▶ 발음 연습하는 방법

- **입모양을 크게 해라**

  : 발음이 잘 들리지 않는 사람들은 대체로 옹알이를 하는 것처럼 웅얼댄다.

- **아래턱을 크게 벌려라**

  : 하관이 발달되어야 한다.

- **자음과 모음에 충실하되 모음에 더 신경 써라**

  : 자음 - ㄱ ㄴ ㄷ ㄹ ㅁ ㅂ ㅅ ㅇ ㅈ ㅊ ㅋ ㅌ ㅍ ㅎ ㄲ ㄸ ㅃ ㅆ ㅉ

ㄱ 기역 / ㄴ 니은 / ㄷ 디귿 / ㄹ 리을 / ㅁ 미음 / ㅂ 비읍 / ㅅ 시옷 /

ㅇ 이응 / ㅈ 지읒 / ㅊ 치읓 / ㅋ 키읔 / ㅌ 티읕 / ㅍ 피읖 / ㅎ 히읗

: **모음 - 단모음** ㅣ ㅔ ㅐ ㅏ ㅜ ㅗ ㅓ ㅡ ㅟ ㅚ

아 주먹이 들어갈 정도로 입을 크게 벌린다. 예) 아버지, 아가

어 '아'보다 작은 입모양으로 발음한다. 예) 어머니, 어부

오 발음 시 턱이 아래로 내려간다. 예) 오이, 오징어

우 입술을 앞으로 쭈욱 내민다. 예) 우유, 우주

으 입술을 양옆으로 벌리며 발음한다. 예) 으깨다, 으슬으슬

이 입술을 양옆으로 벌리되 윗니와 아랫니가 함께 보이게 발음
  한다. 예) 이빨, 이구아나

: **이중모음** ㅑ ㅕ ㅛ ㅠ ㅒ ㅖ ㅘ ㅝ ㅙ ㅞ ㅢ

두 개의 모음을 아주 빨리 발음한다.

야 이+아 예) 야호, 야수

여 이+어 예) 여보, 여드름

요 이+오 예) 요술, 요구르트

유 이+우 예) 유리, 유산슬

- **말을 천천히 해라**

  : 말이 빠르면 발음이 꼬인다.

- **목소리를 크게 해라**

  : 목소리의 크기는 자신감과 비례한다.

- **소리를 뒤로 보내지 마라**

  : 소리를 포물선으로 보낸다는 생각으로 앞으로 전달해라.

02 발성

좋은 발성

발성도 유튜버에게 매우 중요하다. 올바른 발성을 활용하여 콘텐츠를 전달하게 되면 사람들에게 신뢰감을 더 줄 수 있기 때문이다.

예를 들어 물건을 구입하러 백화점에 갔을 때 잘 들리지 않는 목소리로 웅얼거리며 상품을 판매하는 직원과 정확한 발성과 듣기 좋은 목소리로 상품에 대해 잘 설명해 주는 직원이 있다고 하면, 어느 직원에게 마음이 더 가겠는가? 어떤 직원의 말을 들었을 때 상품을 사고 싶을지를 생각해 보라.

발성을 잘하려면 호흡에 신경 써야 한다. (발성과 호흡은 연관되는 부분이 많기에 다음에 나오는 '호흡' 부분에서 깊이 있게 설명하겠다.)

유튜버는 앞서 말한 대로 1인 기업이다. 사람들이 당신의 채널을 찾아보고 구독을 해야 수익이 많이 창출된다. 그러기 위해서는 명확한 목소리로 정보 전달을 하는 것이 무엇보다 중요하며, 그렇게 하기 위해서는 발성에 신경 써야 한다. 발성을 잘하려면 목에 힘을 빼고 말해야 한다. 목에 힘을 주면서 말하면 목과 성대에 무리가 가서 목소리가 금방 쉰다.

자신이 발성을 잘하고 있는지 아닌지 다음을 통해 확인해 보자.

▶ 올바른 발성을 하는지 확인하는 방법

- 노래를 한 곡만 불러도 목이 쉰다.
- 대화를 할 때 말을 많이 안 해도 목이 아프다.
- 말을 할 때 늘 핏대가 서 있다.
- 평소 말할 때 소리 지르듯이 말한다.
- 말할 때 쉰목소리가 난다.
- 어깨가 자주 올라가 있다.
- 고개를 위로 들어 말하는 습관이 있다.

위 7가지 중 하나라도 해당된다면 당신은 올바른 발성을 하고 있지 않은 것이다.

올바른 발성을 하려면 먼저 배의 호흡(복식호흡)을 신경 써야 한다. 말할 때 목에 힘을 주는 것이 아니라 배의 힘을 느끼며 발성해야 하는 것이다. 평상시 말할 때 고음으로 목청껏 소리 높여서 말하고 있다면, 그것은 마치 육상선수가 뒤꿈치를 들고 경기를 뛰는 것과 같다고 생각하면 된다. 얼마나 불편하고 아슬아슬하고 힘들겠는가? 말할 때 절대 고음으로 말하지 마라. 목이 아플 수밖에 없다. 발성이 잘못 됐기 때문에 쇳소리가 나고 성대 결절이 생길 수도 있다.

말할 때 호흡이 위로 떠서 어깨가 올라가 있는 것도 긴장된 발성을 하고 있다는 신호이다.

발성을 방해하는 요소 중 하나는 잘못된 생활습관이다. 자신의 성질을 못 이겨 사람들과 싸울 때 고래고래 소리를 지르고 나서 다음 날 후회하는 경우가 많다. 소리를 지르다 보니 목이 쉬고 일상생활에 지장이 생겨 소리가 안 나오는 경우가 이에 해당한다. 또한 시끄러운 공공장소나 술집에서 옆 사람의 목소리가 들리지 않아 상대방의 귀에 대고 큰 소리로 이야기하는 것도 이와 같다.

우리는 목감기에는 신경을 쓰면서 일상에서 목에 대한 소중함을 모르는 경우가 많다. 늘 조심해야 한다.

또 변성기의 청소년들이 올바른 발성을 하지 않은 상태로 말을 계속해서 하게 되면 평생 그 목소리를 안고 살아가야 하는 경우도 있다. 방송인 박경림도 초등학교 시절 체육대회 때 무리한 응원으로 갑자기 목소리가 쉬더니 그 이후로 쉰목소리로 변한 것이라고 말했다.

목소리는 개성이다. 개성 있는 목소리도 발성을 어떻게 활용하느냐에 따라 매력이 더해질 수도 있고 마이너스가 될 수도 있다.

▶ 나에게 맞는 편안한 발성 찾는 법

① 성대 위치에 손을 댄다.

② "안녕하세요, 반갑습니다. 유튜버 ○○○입니다"라는 말을 내 음성 최대치를 높여서 말해 본다.

③ "안녕하세요, 반갑습니다. 유튜버 ○○○입니다"라는 말을 내 음성 최대치를 내려서 말해 본다.

④ "안녕하세요, 반갑습니다. 유튜버 ○○○입니다"라는 말을 성대가 많이 움직이지 않도록 진동을 느끼면서 말해 본다.

말할 때 유난히 성대가 올라가거나 지나치게 성대의 위치가 내려가면 자신의 발성을 하고 있지 않은 것이다.

말을 할 때 성대의 위치가 위아래로 많이 움직이지 않은 상태, 즉 거짓 성대(가성대) 위치가 울림만 있는 상태면 제대로 발성하고 있는 것이라 생각하면 된다. 무리 없이 편안한 상태에서 소리가 나와야 한다. 올바른 발성은 소리를 부드럽게 낼 수가 있다.

발성에서 중요한 것은 바로 호흡이 뜨지 않는 것이다. 후두를 내린 상태에서 공간을 열어 준다는 느낌을 갖고 해야 한다. 또한 성대도 근육이기 때문에 목에 힘이 들어가서는 안 된다.

발성 연습 방법

다음과 같이 발성 연습을 해 보아라.

▶ 발성 연습 방법

• 1단계

① 손을 쇄골 가운데 부분에 놓고 깊은 울림을 느끼며 말해 본다.

② 쇄골 바로 아랫부분 가운데 정중앙에 손바닥을 놓고 말할 때

울림을 더 크게 느끼며 말해 본다.

- **2단계**

① 도레미파솔라시도 음에서 '도'의 음성으로 '오'라고 말한다.

② '도'의 음성으로 고, 노, 도, 로, 모, 보, 소, 오, 조, 초, 코, 토, 포, 호 발음을 하다 보면 발성과 발음이 좋아져 소리가 안정감 있게 들린다.

③ '도'의 음성으로 거, 너, 더, 러, 머, 버, 서, 어, 저, 처, 커, 터, 퍼, 허를 하나씩 발음해 보아라.

성악가들은 높은 음을 내며 노래를 불러도 목이 쉬지 않고 소리가 풍성하고 풍부하게 들린다. 고음을 낼 때도 목이나 어깨가 들려 있지 않다. 성악가들처럼 편안한 발성을 하려면 힘을 빼야 한다. 몸, 턱, 목에 힘을 빼고 입 안쪽 공간은 넓게 해라. 몸이 경직되면 몸뿐만 아니라 목과 혀가 굳어 긴장하게 된다. 긴장한다는 것은 위축되고 자신이 없다는 것이며, 자신이 없으면 소리도 굳어지게 된다.

발성 연습을 할 때 힘을 주려고 하지 말고 열흘 정도 굶어서 온몸에 힘이 하나도 없는 상태를 상상하면 훈련이 더 잘된다. 강한 압력은 발성을 망친다.

또 목을 누르면서 말하는 안 좋은 습관은 꼭 고쳐야 한다. 목을 누르면서 말하면 딱따구리처럼 말하게 된다. 성대도 상하고 목소리가 듣기에 좋지 않다. 심하게 비음 섞인 소리나 콧소리도 바람직하지 않다. 아이 같은 말투가 생겨 신뢰감을 주지 못한다. 정확하고 올바른 발성은 목에 힘이 들어가지 않고 상대가 들었을 때 소리가 편안하다. 목소리의 압력은 사람마다 다르다. 하지만 공통적인 것은 목에 힘을 빼는 것이다. 또 다른 방법으로 자신이 발성을 잘하고 있는지 확인하고 싶다면 직접 목소리를 녹음해서 들어 보자.

무엇보다 반복이 중요하다. '오늘 발성 훈련을 했으니 내일은 안 해도 되겠지'가 아니라 꾸준히 연습해야 한다. 우리가 다이어트를 할 때 꾸준히 운동하고 식이요법을 잘하다가 갑자기 폭풍 흡입을 하게 되면서 그동안의 다이어트가 무용지물이 되는 것처럼 발성도 마찬가지다. 꾸준히 해야 한다.

발성 연습을 꾸준히 하다 보면 변화되는 자신을 발견하고 자신감도 생기는 등 긍정적으로 효과를 발휘하게 될 것이다.

발성이 잘되지 않은 상태에서는 말할 때 긴장을 많이 하게 되고 누군가를 설득해야 하는 상황이 오면 말하기가 힘들어진다. 긴장을 하게 되면 호흡도 뜨고 양이나 염소처럼 목소리가 떨리게 나올 수 있다. 유튜브에서 라이브 방송을 통해 구독자들과 만난다고 했을 때 너무 긴장한 나머지 발성이 올바르게 되지 않고 쉰목소리나 염소처럼 떨리는 목소리가 나온다고 한번 상상해 보라. 아찔하지 않은가?

평소 올바른 발성을 하지 않으면 말할 때 불안감을 느껴 떨리는 목소리로 전달해야 하는 경우가 생길 수 있다. 청중이 소수이든 다수이든 카메라가 있든 없든 중요한 것은 자신의 발성에 대해 자각하고 말하는 것이다.

올바른 발성으로 말하면 말하기에 재미를 붙이고 자신감도 생긴다. '내가 말하는 것이 사람들에게 잘 전달되고 있구나'라고 생각하고 자신이 준비한 콘텐츠를 구독자들과 교감하며 할 수 있다.

목소리가 작고 소리를 내뱉지 못하는 사람들은 대부분 자신감 부족이다. 자신감이 부족하면 발성 연습을 할 때 주저주저하고 힘들어하는 경우가 많은데, 유튜버가 되기 위해서는 발성 연습이 매우 중요하니 노력해야 한다. 천천히 한 걸음씩 나아간다는 마음가짐으로 연습하면 된다.

발성 훈련을 하는 이유는 말을 잘하기 위해서이다. 연습을 잘했다면 실전에서 활용해야 한다. 청자가 되기보다 적극적으로 화자가 되려고 노력해야 한다.

유튜브 채널을 개설하면 처음에는 카메라 불빛이 켜지기 전부터 긴장하겠지만, 하다 보면 덜 떨게 되고 발성도 올바르게 되어 있을 것이다.

'내일은 구독자들에게 어떤 말을 할까?' '말하는 게 이렇게 쉬운 거였어?' '이참에 매일매일 업로드해 볼까?' '준비한 콘텐츠를 사람들에게 빨리 알려 줘야지'라는 생각으로 말에 대한 재미를 붙일 수도 있다. 올바른 발성으로 콘텐츠를 꾸준히 올리면서 자신에게 칭찬을 해 주는 것도 잊지 마라. 콘텐츠를 명확하게 전달하려면 큰 울림을 활용해야 한다.

이순재, 최민식, 하정우, 라미란 등 연기 잘하는 연기자들과 이승철, 조용필, 인순이, 박정현 등 노래 잘하는 가수들은 발성을 정확하게 한다. 연기를 하거나 노래를 할 때 모두 입에서 소리를 내면서 전달한다.

연기자와 가수에게 발성 연습은 기본이다. 필자도 방송이나 강의를 하기 전에 발성 연습을 한다. 발성 연습은 생활화가 되어야 한다. 우리가 운동하기 전에 스트레칭으로 몸을 이완시키는 것은 운동할 때 더 많은 근육을 쓰고 다치지 않기 위해서이다. 발성도 그렇다. 말해야 하는 상황이 생겼을 때 갑자기 "이제부터 말해야지, 시작!" 하는 것이 아니라 미리

목을 풀고 신체가 긴장되지 않도록 준비를 해 놓아야 하는 것이다.

발성을 잘하기 위해서는 공명 훈련도 매우 중요하다. 공명共鳴이란 말에서 나오는 진동을 느끼는 것이다. 공명을 활용하면 소리를 울림 있게 전달할 수 있다. 공명을 활용하는 대표적인 사람은 이금희 아나운서이다.

이금희 아나운서가 내레이션을 했던 교양 프로그램 〈인간극장〉은 목소리를 공명으로 활용한 좋은 예이다. 내레이션 속 그녀의 목소리는 은쟁반에 옥구슬 굴러 가듯 소리가 둥글다. 계속 듣고 싶어지는 상냥한 음성이다. 공명의 장점은 소리의 울림을 크게 해서 상냥함을 배가시키고 신뢰감을 강하게 줄 수 있다는 것이다. 발성 훈련이 제대로 되어야만 공명 훈련을 할 수 있다.

평상시 말할 때 남들이 평가하길 화를 낸다는 식으로 자신을 오해한 경험이 있다면 공명 훈련을 반드시 해 보길 바란다. 말투에 상냥함이 묻어날 것이며 목소리를 세련되고 아름답게 할 수 있다. 성우들의 목소리가 좋은 것도 이런 공명을 활용하기 때문이다.

우리 몸에서 공명을 느끼는 부위는 머리, 코, 입, 가슴이다. 가장 쉬운 방법은 이 모든 것들을 한꺼번에 울리려고 생각하지 말고 하나씩 느끼면서 연습하는 것이다. 말할 때 머리, 코, 입, 가슴으로 각각의 울림을 느껴 보아라. 쉬운 예가 하품할 때의 상황이다.

"음, 아~" 할 때의 그 느낌이다. 하품할 때 경구개와 연구개가 열리는 것을 느낄 수 있다. 경구개硬口蓋는 입천장의 단단한 부분을 말하며, 연구개軟口蓋는 입천장의 뒤쪽에 있는 연한 곳인데, 뒤끝 한가운데에 목젖이 있다. 긴장을 풀고 따뜻한 욕조에 몸을 담그고 있다고 상상하면 호흡도 편해지고 공명 훈련도 잘된다.

공명 훈련까지 연습이 잘되었다면 수필이나 따뜻함이 묻어 있는 시 한 편을 자신의 목소리로 녹음해서 들어 보아라. 녹음을 할 때는 라디오 청취자에게 소리로만 전달한다는 상상을 하면 좀 더 상냥하고 울림 있는 목소리로 말할 수 있다.

좋은 결과를 얻으려면 당연히 좋은 과정을 반복해야 한다. 평상시 갖고 있던 습관들을 하루아침에 바꾸기는 어려울 것이다. 내가 살아온 습관대로 스피치를 하기 때문이다. 하지만 포기하지 않고 연습을 꾸준히 하다 보면 반드시 좋은 결과가 있을 것이다.

▶ 공명 훈련

① 편안한 자세에서 어깨를 내리고 복식호흡 상태로 준비한다.

② 입술을 다물고, 일정하게 "음" 소리를 낸다.

③ "음" 발음을 하면서 울림과 진동을 느껴 본다(머리로 느껴 본다).

④ "음" 발음을 하면서 울림과 진동을 느껴 본다(코로 느껴 본다).

⑤ "음" 발음을 하면서 울림과 진동을 느껴 본다(입으로 느껴 본다).

⑥ "음" 발음을 하면서 울림과 진동을 느껴 본다(가슴으로 느껴 본다).

⑦ 자신이 좋아하는 글귀나 책을 공명을 느끼면서 읽어 본다.

목소리 녹음을 할 때는 3가지로 나누어 해 보아라.

첫 번째는 발성 연습을 하지 않고 원래 본인의 목소리대로 녹음을 해 보고, 두 번째는 발성 훈련만 하고 난 후 녹음을 해 보고, 마지막으로 발성 훈련과 공명 훈련을 열심히 하고 난 후 녹음을 해서 변화된 자신의 목소리를 들어 보아라.

분명 당신은 알아챌 것이다. 자신의 목소리에 상냥함이 묻어나는 것을. 그러면서 또 자신의 목소리에 감탄하게 될 것이다. "내 목소리가 이렇게 감미롭고 부드러울 수 있다니……" 하면서 말이다.

낭독해 보기

<blockquote>

별 헤는 밤

윤동주

별 하나에 추억과
별 하나에 사랑과
별 하나에 쓸쓸함과
별 하나에 동경과
별 하나에 시와
별 하나에 어머니, 어머니

</blockquote>

03 호흡

복식호흡과 흉식호흡

듣기 좋은 목소리는 구독자들을 사로잡을 수 있는 무기이며, 영상을 보는 사람들에게 플러스 점수를 얻을 수 있다.

그래서 앞서 말했지만 말하는 건 자신 없지만 목소리에 희소성이 있다면 소리로만 유튜브에 승부를 걸어도 좋다. 목소리에 자신이 있고 전달력이 좋다면 굳이 얼굴을 노출하지 않고 목소리로만 당신의 콘텐츠를 설명해도 좋다는 것이다. 대표적인 예가 '책갈피'라는 채널이다(구독자 수 18만여 명).

'책갈피' 채널에는 사람이 등장하지 않는다. 목소리로만 내용을 전달한다. 자기계발에 관련된 내용들을 자막으로 처리하고 오디오로 승부를 건다. 전달하는 사람의 목소리가 너무나 명료하고 뚜렷해 이 영상을 보다 보면 금방 시간 가는 게 아쉽게만 느껴진다.

'책갈피' 채널에 나오는 목소리는 복식호흡을 하고 있다. 성우, 연기자, 라디오 DJ들의 기분 좋은 목소리의 공통점은 복식호흡으로 말한다는 것이다. 즉 복식호흡을 사용하며 말하는 것이 바로 좋은 목소리들의 원천인 셈이다.

목소리가 좋으면 전달이 잘된다. 반면에 듣기 싫은 목소리는 거부감이 생길 수가 있다. 만약 목소리가 좋지 않아 고민이라면 훈련으로 얼마든지 개선할 수 있으니 크게 걱정하지 않아도 된다. 이번에 소개할 복식호흡 훈련과 스타카토 훈련에 힘써 보아라. 분명 변화가 있을 것이다. 좋은 콘텐츠를 허스키하고 쇳소리 나는 목소리로 전달하는 것보다 듣기 좋은 목소리로 전달하는 것이 훨씬 좋지 않겠는가? 복식호흡을 하면 목소리를 좋게 할 수 있다. 그 이유는 배에 힘을 주면서 말하면 숨이 들어가고 나감에 따라 말의 속도, 빠르기, 강약이 조절되기 때문이다.

일반적으로 호흡은 복식호흡과 흉식호흡으로 나뉜다.

복식호흡은 배로 하는 호흡, 흉식호흡은 가슴으로 하는 호흡을 말한다. 신뢰감 가는 목소리로 뉴스를 전달해야 하는 아나운서는 복식호흡을 활용해서 말을 한다. 그 이유는 복식호흡은 장시간 말을 해도 목이 쉬지 않고 설득력을 높일 수 있으며, 말이 빨라지지 않고 호흡 조절이 되기 때문이다. 그래서 말할 때는 복식호흡을 사용해 말하는 것이 좋다.

면접을 준비하거나 프레젠테이션을 해야 하는 상황도 마찬가지다. 신뢰감을 주어야 하는 상황에서는 늘 복식호흡을 활용해 말해야 한다. 우리가 잠들기 전 편안한 상태에서 나오는 호흡이 바로 복식호흡이다. 복식호흡의 장점은 매우 많다. 하지만 모든 유튜버가 복식호흡을 해야 하는 것은 아니다. 유튜버들마다 콘텐츠와 콘셉트가 모두 다르므로, 그에 따라 복식호흡을 활용해도 되고 흉식호흡을 활용해도 된다. 복식호흡과 흉식호흡의 장점을 파악해 자신의 콘텐츠에 맞게 적용시키는 게 중요하다.

복식호흡을 하면,
- 장시간 말을 해도 목이 쉬지 않는다.
- 천천히 말을 할 수 있어 신뢰감을 준다.
- 설득력을 높인다.
- 울림이 있어 세련미가 있다.
- 긴장 완화에 도움이 된다.

흉식호흡을 하면,
- 흥을 돋운다.
- 분위기를 살려 준다.
- 말이 빨라진다.

흉식호흡으로 말하면 흥을 돋우는 장점이 있지만, 단점은 목이 금방 쉬고 말이 빨라짐으로써 가벼운 사람으로 보일 수도 있다. 호흡이 위로 뜨기 때문에 말할 때 긴장을 하게 된다. 부드럽고 듣기 좋은 목소리가 복식호흡에 비해 훨씬 덜하다. 그래서 콘텐츠를 잘 소개하려면 복식호흡이 필수는 아니지만 복식호흡으로 전달하는 것이 유리하다. 발성과 발음, 복식호흡은 떼래야 뗄 수 없는 가족이다.

복식호흡을 하면 소리의 울림도 커지고 발성도 좋아진다. 또한 잠이 오지 않을 때 복식호흡을 하면 심신이 편해지고 숙면을 취하는 데 도움을 주며, 긴장 완화와 혈액 순환에도 좋다. 복식호흡 훈련이 된 후 말에 적용시키기까지는 시간과 노력이 필요하다. 내 입에서 나오는 모든 말들은 긴장하지 않고 편안하게 복식호흡으로 말하는 게 좋다.

유튜버가 자신이 준비한 콘텐츠에 맞게 호흡을 달리 사용하면 되지만, 복식호흡을 할 줄 아는 사람이 흉식호흡을 하는 것과 복식호흡하는 법을 모르기 때문에 흉식호흡으로만 전달하는 것은 큰 차이가 있다. 자신의 콘텐츠와 복식호흡은 관련이 없다는 식으로 연습을 게을리하거나 아예 노력을 하지 않는 것은 바람직하지 않다. 앞으로 다양한 콘텐츠를 하고 싶다면 복식호흡도 연습하자.

채널 콘텐츠가 취업, 면접, 부동산, 경제, 경영, 영화, 책 소개 등 이론적인 내용들을 중심으로 명확한 전달이 중요하다면 복식호흡을 활용하는 게 좋다. 반면에 음식, 게임, 먹방, 키즈 콘텐츠는 신뢰감보다는 흥을 돋우고 분위기가 중요하다. 이럴 경우에는 흉식호흡이 더 어울릴 수 있다.

유튜버들은 콘텐츠에 맞게 호흡을 쓰는 게 맞다. 그 예가, 여자 아나운서들이 뉴스를 진행할 때는 복식호흡으로 말하고, 어린이 프로그램 MC로서 아이들과 함께 어울려서 진행하는 경우에는 톤도 살짝 올리고 호흡도 약간 뜨게 해서 편한 옆집 언니나 누나처럼 말하는 것이다.

또 남자 아나운서가 뉴스를 진행할 때는 복식호흡으로 말하고, 흉식호흡으로 진행할 때도 있는데, 바로 스포츠 중계를 할 때이다.

"네, 우리 축구 국가대표팀! 드디어 첫 골을 넣을 것 같습니다. 손흥민 ~~~~ 골~~!!"

이렇게 말할 때 흥분이 되어 목소리가 커지고 핏대가 선다.

어린이집이나 유치원 교사들은 공통적으로 어느 상황에서든지 습관적으로 말을 늘이는 경향이 있다.

"어린이 친구들~~ 오늘으은~ 선생님과 함께에~ 놀아볼까요오~~." 이런 식으로 말이다. 필자가 "주말 어떻게 보내셨어요?"라고 물어볼 때도 이 같은 말투다.

"제가요오~ 백화점에서어~~ 원피스를 샀는데에~~~ 할인도 많이이 ~~ 했구요. 진짜아~~ 예뻐요~~~" 이렇게 흉식호흡으로 말하는 것이다.

이처럼 흉식호흡을 하는 사람들은 아성兒聲(어린아이의 소리)처럼 말을 해서 소리를 늘인다. 흉식호흡으로 말하기 때문에 목이 금방 쉬고 소리가 앵앵거려 아성이 나올 수밖에 없다.

이런 말투로 말을 하면 아이들은 "우리 선생님 최고!"라며 좋아하겠지만, 학부모와 면담하거나 공적인 자리에서는 난감해지는 경우가 생길 수 있다. 옷차림도 때와 장소가 있는 것처럼 호흡도 때와 장소, 대상에 맞게 적용시켜 말하는 것이 좋다.

흉식호흡으로 하이 톤을 유지하는 것은 10대나 20대들이 주로 시청하는 뷰티 유튜버가 적당하다. 흥을 돋우고 발랄한 모습을 보여 줘야 하기 때문이다.

호흡으로 자신의 색깔을 표현하는 스타들도 있다. 바로 방송인 노홍철이다. 그는 흉식호흡을 하면서 말이 굉장히 빠르고 쉼이 없다. 랩을 하는 것처럼 말이 빠르다. "형님, 좋아 가는 거야!"라고 말하는 그의 모습은 진짜 쉼이 없다. 빠른 말투는 그의 캐릭터가 되었다.

이처럼 자신의 콘텐츠에 맞게 호흡을 활용하되 말할 때 장점이 많은 복식호흡을 하는 방법도 알아 두길 바란다.

복식호흡 훈련법

복식호흡은 들숨(들이마시는 호흡)보다 날숨(뱉는 호흡)을 더 길게 해야 한다. 들숨을 5초 했다면 날숨은 10초, 들숨을 10초 했다면 날숨은 15초로 들숨보다 날숨을 더 길게 뱉어 내는 것이다.

들숨과 날숨은 반드시 한 호흡으로 해라. 20초를 여러 번 끊어서 하지 말고 단 5초를 해도 한 호흡으로 해야 한다. 폐활량이 적을수록 더 힘들 것이다. 5초간의 들숨이 힘들면 무리하지 말고 3초 들숨으로 시작해도 좋다.

이렇게 매일매일 복식호흡을 연습하다 보면 호흡량이 길어지게 된다.

요즈음 태권도 관장님의 스피치를 코칭하고 있는데, 그분은 복식호흡이 이미 몸에 배어 있기 때문에 소리의 울림도 크고 전달력도 좋다. 이처럼 복식호흡이 몸에 배어 있는 사람들은 따로 연습하지 않아도 말에 금방 적용을 시킨다.

필자는 유튜브 채널을 운영하면서 처음에는 마이크를 착용하고 촬영했지만, 지금은 마이크 없이 영상을 촬영한다. 어느 날 마이크를 깜빡 잊고 녹화를 했다가 그 차이가 별로 없다는 것을 알게 된 이후로 마이크를 쓰지 않는다. 필자처럼 복식훈련을 통해 자신의 울림통을 키워 놓으면 굳이 마이크가 없어도 시끌벅적 사람이 많은 실외 촬영이 아닌 이상 소음이 적은 실내 촬영에서는 내용을 충분히 전달할 수 있다.

목소리에 힘을 키우기 위해서는 복식호흡 훈련이 중요하다. 또한 평상시 목소리가 작아 고민인 사람들은 복식호흡 훈련을 하면 울림이 커져 목소리도 크게 할 수 있다. 목소리는 마음의 힘이다. 자신감이 없는 사람들은 목소리에 힘이 없다. 힘이 없으니 열정도 보이지 않는다. 복식호흡을 하면서 힘주어 말해 보자. 긍정의 기운까지 전달할 수 있다.

자신의 콘텐츠를 흉식으로 말하느냐 복식으로 말하느냐는 선택의 몫으로 자신의 콘텐츠에 적용하면 되지만, 말의 힘은 반드시 복식훈련을 통해서만 가능하다는 점은 염두에 두어야 한다.

복식호흡으로 말을 하면 말의 빠르기도 조절할 수 있다. 말에 대한 밀당이 가능하다는 것이다.

흉식호흡으로 말하는 영상과 복식호흡으로 말하는 영상, 각각 2개의 영상을 30분 정도 촬영한 후 모니터해 보아라. 그리고 2개의 영상을 사람들에게 보여 주고 그들의 의견을 종합해 보아라. 그리고 난 후 어떤 호흡으로 영상을 촬영하는 것이 내 콘텐츠와 어울릴지를 생각해 보자.

사람들은 보는 눈이 다 비슷하다. 잘 팔리는 것에는 사람들의 공통적인 의견이 있다.

흉식호흡과 복식호흡으로 각각 영상을 찍은 다음 날 컨디션의 차이가 굉장히 크다는 것을 느낄 것이다. 특히 목소리가 가는 사람들은 흉식호흡으로 말하면 목이 더 잘 쉰다는 걸 금방 알 수 있다. 이런 사람들은 흉식호흡으로 말하면 다음 날 침 삼키기도 힘들 정도로 목이 아프다. 말도 빨라지고 목이 아프니 저절로 묵언수행을 하게 된다. 하지만 복식호흡을 하면 목소리가 위로 뜨는 게 아니라 아래로 묵직하게 내려가는 느낌이 들고, 목과 몸 전체에 긴장을 덜하게 된다.

스타카토 훈련

유튜브를 진행할 때 늘 생각해야 하는 것은 '내 생각을 팔자' '내 생각이 물건'이라는 마음가짐이다.

사람들이 당신의 채널에 쏙 빠져들 수 있게 포장해라. 그래야 수많은 채널들 중에서 살아남는다. 그리고 자신의 콘텐츠를 잘 말해라. 콘텐츠와 당신의 색깔이 밸런스가 맞지 않는다면 당신의 채널을 구독했던 구독자들은 하나둘씩 빠져나갈 것이다.

내용이 좋아도 살릴 수 없으면 죽은 스피치가 되는 것이고, 그다지 재미없을 것 같은 내용도 누가 말하느냐에 따라 살릴 수가 있는 것이다. 호흡에 신경 써서 말하면 무수한 채널들 중에서 자신의 채널을 더 돋보이게 할 수 있다.

유튜브 채널을 운영할 때는 자신의 성향과 맞는 콘셉트를 찾아라. 외향적인 성격의 사람이라면 레포츠나 사람들과 많이 소통할 수 있는 콘셉트를, 내성적인 사람이라면 혼자서 잘할 수 있는 콘셉트를 잡아라. 또 자신의 목소리가 귀엽고 사랑스럽다면 유아동 대상의 콘텐츠를, 신뢰감 있는 목소리라면 성인들을 대상으로 영상을 촬영하는 게 좋다.

평상시 말투로 전하고 싶다면 브이로그V-log('비디오vedio'와 '블로그 blog'의 합성어로, 자신의 일상을 동영상으로 촬영한 영상 콘텐츠)를 추천한다. 콘텐츠에 따라서 목소리와 호흡의 방법이 달라진다.

앞에서 말한 복식호흡이 잘되면 다음으로는 스타카토 훈련을 진행해 보자. 말에 힘을 싣는 훈련이다. 마치 군인들이 "충성"이라고 크게 경례하는 느낌이라 생각하면 된다. 태권도를 할 때 "얍"이라는 기합소리를 생각하면 이해가 쉬울 것이다. 스타카토는 한 글자 한 글자 딱딱 끊으면서 절도 있게 말하는 방법이다. 한 글자 한 글자를 소리 내어 읽을 때마다 배를 튕겨야 한다.

스타카토 연습을 할 때는 절대로 빠르면 안 된다. 말이 빨라지면 말을 늘게 된다. 스타카토 훈련을 잘못 연습하면 오히려 아성으로 전달될 수 있으니 주의가 필요하며, 혼자가 힘들면 전문가의 지도를 받을 것을 추천한다.

스타카토 훈련은 모든 유튜버들에게 필요한 훈련이다. 스타카토 훈련을 하면 자신감이 생긴다. 자신감이 생기니 목소리가 커진다. 자신감 있게 말하고 전달력도 좋고, 거기에 콘텐츠까지 좋다면 누구든 당신의 채널을 구독하게 될 것이다.

유튜브를 보는 시청자들은 어린아이부터 노인까지 매우 다양하다. 만약 당신이 자녀와 함께하는 유튜브 채널을 개설할 예정이라면, 자녀와 함께 복식호흡과 스타카토 훈련을 연습해 보아라. 어린 시절부터 이런 훈련을 하면 목소리에 힘이 생기고 또래에 비해 전달력도 좋아진다. 아이들은 어른들에 비해 습득이 빠르다. 언어는 더욱 그렇다. 아이들은 흉식호흡으로 말했던 시간이 어른들보다 짧다. 30년간 흉식호흡으로 말을 했던 성인과 8년간 흉식으로 말을 했던 어린이, 둘 중 어느 누가 안 좋은 습관을 더 빨리 고칠 수 있겠는가?

어린 시절부터 스타카토 훈련을 하면 소리의 울림통도 커지고 또래보다 말을 또렷하게 잘 전달할 수 있다. 스타카토 훈련을 하면 리듬감이 생겨 말을 지루하지 않게 할 수 있다. 가령 먹방 채널을 할 경우, 강조하고 싶은 부분이 있다면 힘주어 말할 수 있기 때문에 말에 리듬감이 생기는 것이다. 요즈음 유행하는 영상 중 하나는 ASMR이다. 소리만으로 구독자들로 하여금 상상력을 자극하고 느끼게 하는 것이다. 이 ASMR에도 방법이 있다. 마이크에 소리만 들어가는 게 다가 아니다. 특히 음식 ASMR은 입을 크게 씹느냐 작게 씹느냐, 호흡이 들어가느냐 들어가지 않느냐에 따라 차이가 있다. 대표적인 채널로 '띠예'(구독자 수 87만 명)가 있다.

이 채널의 진행자인 띠예는 말하지 않고 단지 음식을 씹고 삼킨다. ASMR의 소리를 극대화하려면 음식의 식감을 미리 알아 두는 것이 좋다. 촬영할 때만 먹는 것이 아니라 미리 먹어 보고 식감을 인지하는 것이다.

'리얼리티를 살리려면 촬영할 때만 먹는 게 좋지 않을까?' 생각하는 사람도 있겠지만, 모든 것은 리허설이 필요하다. 침 고임의 정도, 빨리 씹는 게 소리가 더 명확하게 들어갈지, 천천히 삼키는 게 구독자들에게 더 잘 전달될지, 씹는 소리가 더 맛있게 들릴지, 꿀꺽 삼키는 소리가 더 맛있게 들릴지 확인하고 준비해야 한다. 또 호흡을 빨리 하는 게 좋은지, 느리게 해야 좋은지도 음식의 식감에 따라 다르다.

말을 할 때만 호흡을 쓰는 것이 아니다. 뜨겁거나 차가운 음식을 먹는 ASMR 촬영에서도 호흡이 중요하다.

유튜버로 말을 잘하려면 많은 준비가 필요하다. 유튜버는 자신을 표현해야 하고 자신의 생각을 팔아야 한다. 나의 콘텐츠를 내가 이야기하는 것이다. 자신을 잘 표현하려면 화법도 중요하지만 호흡 또한 중요하다. 자신의 유튜브 채널명과 이름을 넣어서 스타카토 훈련 연습을 해보자.

▶ 스타카토 훈련

안. 녕. 하. 세. 요. 반. 갑. 습. 니. 다.

○. ○. ○. T. V. ○. ○. ○. 입. 니. 다.

04 미소

미소 짓기 훈련

유튜버는 보여지는 이미지도 중요하다. 그래서 콘셉트와 콘텐츠에 맞게 말하는 것이 매우 중요하다. 그것은 바로 미소에서 나타난다.

상냥한 미소는 상대방을 기분 좋게 한다. 재미있고 유쾌한 콘텐츠를 무표정하고 우울한 표정으로 촬영한다면 그런 모습을 좋아할 사람들은 없을 것이다. 긍정적이고 기분 좋은 소재를 소개할 때 미소는 필수다. 물론 뉴스나 시사 이슈를 전달할 때는 굳이 미소 지으며 말할 필요는 없다. 객관적인 정보를 전달하는 경우, 미소는 자칫하면 오히려 가벼워 보일 수 있기 때문이다. 또 무서운 이야기를 전하는 콘텐츠와 이별 상담을 해 주는 콘텐츠도 미소 지으며 말을 한다면 사람들이 "저 사람 왜 저래? 공감 능력 빵점이다"라고 말하며 야유를 받을 것이다.

"성격은 얼굴에서 나타난다"는 말이 있다. 생김새가 중요한 것이 아니라 살아온 인생이 얼굴에 묻어나기 때문이다. 얼굴 표정에 당신이 드러난다. 때문에 밝은 미소로 영상에서 자신의 모습을 보여 주는 것이 좋다.

미소 짓는 것을 어색하지 않게 하려면 얼굴의 근육을 풀어 주는 것도 중요하다.

▶ 안면 근육 스트레칭

① 눈썹을 위아래로 3번씩 움직인다.

② 눈동자를 상하 좌우로 3번씩 움직인다.

③ 코를 찡긋거리며 3번씩 움직인다.

④ 입술을 최대안 모았다 편다를 3회 실시한다.

⑤ 혀를 빼서 시계추처럼 왼쪽 오른쪽으로 3회 움직인다.

⑥ 혀로 똑딱똑딱을 3번 해 본다.

⑦ 턱을 좌우로 각각 3회 움직여 본다.

필자는 가수 성시경의 목소리를 좋아한다. 그는 차분하지만 부드러운 음성을 갖고 있다. 그가 주로 부르는 노래는 슬픈 발라드다. 어느 날 필자는 그의 다른 모습을 보게 되었다.

그가 〈우리 제법 잘 어울려요〉라는 사랑스러운 노래를 부르는 모습을 본 적이 있는데, 광대가 봉긋 올라오면서 미소 지으며 노래 부르는 모습이 정말로 로맨틱해 보였다. '노래, 참 행복하게 부른다'라는 생각이 들었다. 가사도 사랑스럽고 거기에 미소까지 지으니 그가 노래 부르는 모습을 볼 때마다 필자는 늘 기분 좋은 느낌을 받는다.

사랑스러운 노래를 미소 지으며 부르는 것과 사랑스러운 노래를 무표정으로 미소 짓지 않고 부르는 것은 감흥이 매우 다르다. 다른 예로 맛있는 음식을 먹고 난 후 무표정으로 "맛있네"라고 말하는 것과 미소 지으며 "맛있네"라고 말하는 것도 많은 차이가 난다. 미소는 이렇게 좋은 것이다.

남자들의 이상형은 '예쁜 여자'라고 한다. 그런 여자도 좋지만 자신을 보고 미소 지어 주는 여자를 남자들은 훨씬 더 좋아한다. 예쁜 얼굴인데 무표정한 표정으로 말하는 여인과 평범한 외모지만 미소 지으며 웃는 여인, 어느 쪽에 마음이 더 가겠는가?

'웃는 얼굴에 침 못 뱉는다'라는 속담처럼 나를 보고 웃어 주는 사람을 싫어하는 사람은 없다. 사람들을 무장 해제시키는 방법 중 하나는 환하게 미소 짓는 것이다.

표정이 굳어 있거나, 내 감정을 타인에게 보여 주기 두려워하는 사람이라면 미소 짓기 훈련을 하면 도움이 된다.

▶ 미소 짓기 훈련

① 입을 다문 상태에서 미소 짓는다.

② 입을 살짝 연 상태에서 윗니 4개만 살짝 보이게 웃는다.

③ 입을 활짝 연 상태에서 윗니 8개가 다 보이게 활짝 웃는다.

④ 미소 지은 상태에서 "안녕하세요? ○○○입니다"를 말해 본다.

＊ 이 훈련에서 주의할 점은 아랫니를 드러내지 않고 웃는 것이다. 아랫니가 보이면 가볍다는 인상을 준다. 미소 짓기 훈련을 하면 굳어 있는 표정을 부드러운 표정으로 개선하는 데 도움을 준다.

미소 짓기 훈련은 굳어 있는 표정을 살려 주고 사람들과 이야기할 때 생기 있게 말할 수 있도록 도움을 준다.

유머 콘텐츠를 활용해 유튜브를 진행하는 경우에도 미소가 좋다. 타인과의 의사소통에서 큰소리를 치며 인상을 쓰는 것보다 웃으면서 할 말을 하는 게 진정한 고수이다.

화를 내면 언성이 높아지고, 결국 분에 못 이겨 할 말도 못하고 지고 마는 것이다. 영상을 보는 사람들 마음의 빗장을 풀고 싶다면 미소 지어라.

타인의 얼굴에 웃음 짓게 한다는 건 정말 즐거운 일이다. 늘 웃는 연기자 전원주 선생님이 방송프로그램 게스트로 출연해 화통하게 웃으면 다른 게스트들도 아무 영문도 모르고 덩달아 따라 웃는다.

웃음은 이처럼 전염성이 있다. 당신이 미소 지으며 영상을 촬영하면 분명 당신의 영상을 보고 있는 사람들도 웃고 있을 것이다.

방송인이자 유튜버로 활동 중인 유병재는 자신의 채널(채널명 '유병재', 구독자 수 91만 명)에서 일전에 '웃으면 안 되는 생일파티'라는 콘셉트로 영상을 찍은 적이 있었다. 규칙은 웃긴 상황에서 무조건 웃음을 참는 것이었다. 정말 괴로운 일이다. 너무나 웃고 싶은데 웃음을 참아야 하니 말이다.

그런데 이 상황에서 재미있는 모습을 발견했다. 한 명이 웃으니까 웃으라고 말하지 않아도 웃음이 전염되어 많은 사람들이 따라 웃는 게 아닌가. 웃음은 이처럼 전염성이 강한 좋은 바이러스라 할 수 있다.

미소는 소리 없이 빙긋이 웃는 것이다. 웃음 안에 미소가 포함된다. 미소는 여유 있는 사람들에게서 나타나는 특징이다. 마음의 여유가 있는 사람들은 얼굴이 평온해 보이고 자주 웃는다. 반면에 마음이 힘들고 불편한 사람들은 잘 웃지 않는다. 하지만 "행복해서 웃는 게 아니라 웃어서 행복한 것이다"라는 말이 있듯이 당신이 웃을수록 세상도 당신을 웃게 만든다는 사실을 명심해라.

구독자들을 웃게 하고 싶다면 당신이 먼저 웃어라. 재미있어 할 만한 주제를 콘텐츠로 정했을 때는 미소 지으며 말해야 한다. 영상을 보는 사람들을 웃게 하고 싶다면 일부러 '반드시 웃기고 말 거야'라는 생각으로 영상을 촬영하기보다 소재가 재미있고 사람들의 흥미를 유발하는 내용으로 다가가라. 마음속으로 '반드시 웃기겠어'라는 생각을 하게 되면 부담되고 오히려 웃길 수 있는 상황에서 멀어지게 된다.

요즈음은 전직 운동선수들이 예능 프로그램에 많이 출연해 시청자들을 많이 웃게 한다. 그 이유는 기대 이상의 재미가 있기 때문이다. 대표적인 인물이 전직 농구선수 서장훈과 허재, 축구선수 안정환이다.

개그 프로그램에는 개그맨들이 등장하기 때문에 시청자들은 웃을 준비를 하고 프로그램을 본다. 시청자들은 그 프로그램을 보면서 마음속으로 '그래 웃겨 봐, 오늘 당신들의 몫은 날 웃기는 거야' '나 지금 웃고 싶어서 TV 보는 거야'라는 큰 기대를 한다. 하지만 운동선수들에게는 그런 마음이 잘 생기지 않는다. 기대치가 없는 것이다. 기대를 하지 않은 상태에서는 살짝만 재미있어도 시청자들은 많이 웃게 된다.

유머 콘텐츠를 할 때는 미소 지으며 말해라. 당신이 미소 지으면 사람들은 웃을 준비를 한다. 미소의 위력은 대단하다. 같은 말을 해도 오해를 풀 수 있고 말에 생명력을 불어넣을 수도 있다. 말할 때 미소 지으면 인상이 좋아 보인다. 외모 중 한몫하는 것도 바로 미소이다. 미소는 상대를 위한 배려이기도 하다. 찡그린 얼굴로 대화를 하는 것보다 미소 지으며 대화를 하면 상대도 나도 기분 좋지 않겠는가. 유튜브 촬영을 할 때도 미소는 중요하다. 미소도 습관이다. 그래서 평소 잘 웃는 사람들은 미소가 어색하지 않다.

그런데 여기서 질문을 하나 하고 싶다. 웃음은 다 진짜일까? 그렇지 않다. 진짜 웃음이 있고, 가짜 웃음이 있다. 진짜 웃음은 눈과 입이 함께 웃지만, 가짜 웃음은 입만 웃는다. 사진을 많이 찍어 보지 않은 사람들이나 사진 찍기 싫은데 억지로 사진을 찍어야 하는 경우, 사람들은 눈은 웃지 않고 입만 웃는다. 웃어도 표정이 굳어 있고 어색하고 부자연스럽다. 하지만 필자는 진짜, 가짜 여부를 떠나 웃음은 좋은 것이라 생각한다.

미인대회의 참가자들은 늘 웃고 있다. 그 웃음이 진짜 웃고 싶어서 웃는 웃음일까? 모든 참가자들이 계속 웃고 싶어서 웃는 것은 아닐 것이다. 단지 웃어야 하기 때문에 인위적으로 미소 짓는 경우도 있을 것이다.

사람들은 웃고 있는 참가자를 볼 때 '저 사람 기분 안 좋은데 일부러 웃고 있네?' '왜 저렇게 웃어?'라고 생각하지 않는다.

웃고 있는 사람을 보면 기분이 좋아진다. 잘 웃는 사람들은 인기가 많다. 타인의 의견을 잘 받아들일 것 같고, 마음이 열려 있는 느낌을 받는다. 웃는 모습은 상대방을 설레게 한다. 미소 짓기 훈련과 함께 일상에서 즐겁고 기쁜 상황들을 많이 생각하고 접하면 자연스럽게 표정이 부드러워지고 미소가 번진다.

유튜버가 되기로 한 이상 당신은 이미 보여지는 직업이다. 많이 웃어라. 자신을 기쁘고 즐거운 상황에 많이 노출시켜야 한다. 웃을 일이 없다는 생각이 든다면 살면서 기뻤던 과거들을 곰곰이 떠올려 보길 바란다.

사람은 기억을 하면 생각나고, 생각이 나면 생리적인 현상으로 반응이 나타난다. 즐거운 일을 생각하면 미소가 지어질 것이다.

너무 오래전이라 기뻤던 기억이 생각나지 않는다면 인생을 살아오면서 위기를 극복했던 경험들을 떠올려 보아라. 과거에 힘들었지만 자신이 이루어 냈던 성과들을 생각해 보아라. 미소가 저절로 지어질 것이다.

유튜버를 꿈꾸는 30대 남성은 자신감이 많이 결여된 상태로 필자의 스피치 수업을 듣기 시작했다. 유튜버가 꿈인데 자신감이 없으니 말이 안 나오고, 말을 잘하고 싶은데 방법을 모르겠다고 했다.

그의 표정은 어둡고 불안해 보였다. 고개는 늘 땅을 보고 있고, 인사를 할 때도 눈을 잘 마주치지 못했다. 필자는 그에게 가장 행복했던 순간 5가지를 적어 보라고 했다. 그것을 생각하는 동안 필자는 그의 표정을 살폈다. 어두웠던 그의 얼굴이 그 순간을 생각하는 동안 환한 미소가 지어지고 입꼬리를 살짝 씰룩거리는 모습도 발견했다.

"생각하는 대로 이루어진다"는 말이 있다. 생각하고 느끼고 말하는 대로 우리 신체는 반응한다. 즐겁고 좋은 생각을 하면 웃게 되고, 우울하고 슬픈 생각을 하면 가슴이 울렁거리고 힘이 빠진다. 레몬을 먹지 않았는데도 레몬을 생각하면 입안에 침이 고이며 신맛이 느껴지는 것처럼 말이다.

즐거웠던 순간을 생각하고 미소 짓기 훈련을 해 보자. 여태까지 살면서 단 한 번도 웃지 않은 사람은 아무도 없다. 좋은 생각을 떠올리고 웃어라. 미소 지어라.

해바라기 훈련

해바라기 훈련은 해바라기가 폈다 졌다 하는 느낌을 생각하면 이해하기 쉬울 것이다.

해바라기 훈련을 미소 짓기 훈련과 함께 병행하면 굳어 있는 얼굴 표정을 한결 더 부드럽게 해 줄 수 있다.

▶ 해바라기 훈련 방법

① 얼굴 근육을 최대치로 활짝 편다(입, 코, 콧구멍, 이마, 치아 등을 다 벌린다).

② 얼굴을 최대치로 구긴다(콧구멍, 입술, 눈썹 등 얼굴 전체 근육을 찌그러뜨린다).

웃는 게 어색하지 않은 사람들은 얼굴 근육이 굳어 있지 않다. 얼굴 근육이 살아 있다. 얼굴 근육이 풀려 있으면 상대방에게 나의 감정을 잘 표현할 수 있다. 기쁜 건 기쁘게, 슬픈 건 슬프게 전달을 잘할 수 있다는 것이다. 다시 말해 표현이 잘된다.

말할 때 생각을 잘 정리해서 말하는 것만큼 중요한 것이 표정이다. 잘 웃는 사람은 표정이 살아 있고, 표정과 함께 말을 전달하면 구독자들에게 말하고자 하는 바를 쉽게 설명할 수 있고 듣는 상대도 쉽게 받아들인다.

표정이 살아 있으면 낯선 사람들과도 교류를 잘할 수 있다. 편안한 인상으로 보여지기 때문에 사람들이 쉽게 다가간다.

특히 라이브 방송을 할 때 긴장하거나 떠는 사람이 많은데 해바라기 훈련을 하면 편안한 표정으로 잘 진행할 수 있다. 해바라기 훈련을 하고 난 후에는 다음에 제시한 감정 단어들을 말하지 말고 친구들이나 가족 들에게 얼굴과 몸으로 표현을 해 보아라. 그리고 나서 자신의 현재 감정 이 어떤 상태인지 맞춰 보게 하라. 상대방이 당신의 표정과 행동을 보고 상태를 맞췄다면 당신은 표정을 잘 활용하고 있는 것이다.

▶ 감정단어 표정으로 나타내기

감탄하는, 즐거워하는, 비관적인, 화난, 신나는, 두려운, 희망적인, 부끄러운, 존경하는, 우스운, 뻘쭘한, 자랑스러운, 지겨운, 욕심내 는, 빈정대는, 감사하는, 낭만적인, 행복한, 괴롭히는

미소 지으며 말할 때는 아이 콘택트도 매우 중요하다. 사실 필자는 이 야기를 할 때 상대방의 눈을 보지 않는다. 대신에 인중을 본다. 인중을 보면 아이 콘택트가 훨씬 잘된다. 친구들의 눈을 보지 말고 인중을 보면 서 말해 보아라. 그리고 물어보아라.

"내가 지금 너의 어디를 보는 것 같니?"

그럼 다들 '눈'을 본다고 말할 것이다. 내가 인중을 보지만 사람들은 눈을 보는 줄 안다. 실제 인중을 보아도 눈, 코, 입, 즉 얼굴 전체가 다 보 인다. 당신이 상대방의 인중을 보아도 인중만 보이지 않는다.

인중 보기를 통해 아이 콘택트를 하면 좋은 이유

● **인중을 보면 겸손해 보인다**

사람의 눈을 보고 상대에게 인사를 하면 고개가 위로 들려 높이 바라보게 된다. 하지만 인증을 보면 고개가 살짝 내려가 겸손해 보인다.

● **인중을 보면 예뻐 보인다**

방송을 할 때 카메라 가운데 바로 아랫자리가 사람의 인중 자리이다. 고개를 들지 않아 더 갸름해 보인다. 영상에서 조금이라도 멋지고 예쁘게 나오고 싶다면 카메라의 인중 자리를 보아라.

● **인중을 보면 덜 떨린다**

사람을 볼 때 떨림이 덜하다. 예를 들어, 면접자들은 면접관 앞에서 많이 긴장하고 떤다. 이럴 경우 면접관의 눈을 보면 동공 안에 비친 자신의 모습이 보이기도 하고, 면접관이 시선을 돌리면 자신이 실수했나 하는 생각도 들어 위축되어 답변도 잘하지 못하게 된다. 하지만 인중을 보면 눈을 볼 때보다 덜 떨리고 아이 콘택트를 잘할 수 있도록 도와준다.

05 사투리 유튜버 vs. 표준어 유튜버

사투리 유튜버

필자의 수강생 중에 유튜버를 꿈꾸고 있는 20대 남성이 있다. 그는 운동화 수집가이다. 운동화가 300켤레 정도 있다고 한다. 그래서 누구보다 운동화에 대해 잘 알고 있다는 생각이 들어서 운동화 관련 콘텐츠로 유튜브 개설을 하고 싶어 했다. 하지만 사투리가 너무 심해 유튜버로 활동을 해도 되는지 걱정을 하고 있었다.

그의 고향은 경상남도 창원이다. 서울에 올라와서 사회생활을 하면서 사투리가 콤플렉스가 되어 점점 말을 안 하게 되었다고 한다. 그러다 보니 말수가 줄어들게 되었고, 언제부터인가 말하기보다 듣는 것이 더 편해졌다고 한다.

유튜버가 사투리를 사용하는 것과 사용하지 않는 것은 과연 구독자

유입에 영향을 미칠까? 그렇지 않다. 사투리를 쓰기 때문에 사람들이 영상을 잘 안 보고, 표준어를 쓴다고 영상을 잘 보는 것이 아니다.

필자는 아나운서나 연기자를 준비하지 않는 이상 사투리는 굳이 고치지 않아도 된다고 생각한다. 사투리를 사용해도 말을 잘하는 사람이 있는가 하면, 표준어를 구사해도 말을 잘 못하는 사람도 많다.

이경규와 강호동은 사투리를 쓰지만 유명 MC이고, 사람들의 사랑을 받는다. 그들은 경상도 사투리를 고치지 않았다.

사투리로 말하는 유튜버들이 고민하는 것 중 하나는 '사투리 때문에 지역색이 생겨 다른 지역의 사람들이 내 영상을 시청하지 않으면 어떡하지?'라고 생각하는 것이다. 특히 경상도 지역의 사람들이 억양이 강하다 보니 특히 걱정을 많이 한다.

실제 경상도 출신의 한 유튜버는 "화 좀 그만 내세요!"라는 댓글을 보고 필자에게 스피치 교육을 받기로 결심했다. 자신은 전혀 화나지 않았는데 그런 글들이 종종 올라오는 것을 보고 상처를 받았던 것이다.

사투리 때문에 고민이라면 오히려 사투리를 매력으로 승화시켜 보자. 사투리 관련 콘텐츠를 만드는 것도 하나의 방법일 수 있다.

안녕하세요? 경상도 남자 ○○○입니다.

오늘은 경상도 남자가 사랑 고백할 때 말하는 모습을 재미있게 알려 주겠습니다.

서울 남자	경상도 남자
왜 이렇게 예뻐~.	와 이리 예쁘노.
돌아 버릴 것 같아.	돌아 삐긋다.
기분 진짜 좋다.	기분 억시 좋네이.
솔직히 너밖에 없어.	솔찌 니 삐 없데이.

안녕하세요? 여러분의 방언남 ○○○입니다.

오늘은 경상도 사투리 편입니다.

표준어	경상도 방언
아가 왜 이렇게 게으르니?	아가 와그래 깰반노?
발로 차 버릴까 보다.	발까 주차뿔라.
너는 너무 말랐다.	니 너무 애빘다.
괜히 이렇게 해 놨네.	맥지 이캐놨네.
인제 모두 다 지긋지긋하다.	인자 마카 다 언서시랩다.
제대로 하거라.	단디 해라이.

사투리는 콤플렉스가 아니다. 자신이 그렇게 느끼기 때문이다. 오히려 표준어에 익숙한 사람들에게 사투리, 방언은 신기하게 들릴 수도 있다. 사투리를 쓰느냐 안 쓰느냐보다 중요한 건 전달력이다.

사투리를 써도 전달력이 좋으면 된다. 사투리를 써도 이경규와 강호동은 전달력이 좋기에 인기가 많은 것이다. 그러므로 사투리를 쓴다고 주눅 들고 위축될 필요가 전혀 없다. 사투리를 써도 사람들의 마음의 문을 열 수 있다. 긴장하지 말고 자신감 있게 말해도 된다. 그럼에도 자신의 사투리를 반드시 고쳐서 유튜브 채널을 개설하고 싶다면 다음에 제시하는 방법을 해 보아라.

사투리를 고치려면 먼저 자신의 목소리를 녹음해서 들어 보자. 목소리를 들어 보면 깜짝 놀랄 것이다. "내가 이렇게 억양이 강했어?" 혹은 "억양 문제가 아니라 발음이 새는데?" 등 자신이 미처 몰랐던 문제점을 알게 된다. 목소리를 녹음해서 들어 보았기 때문에 나의 사투리가 어느 정도인지 알게 되고 개선할 의지가 생기는 것이다. 사투리는 표준어와 달리 지역색이 묻어 있고 억양이 다르다.

자신의 사투리가 어느 정도인지 확인을 한 후에는 신문이나 뉴스 원고를 읽어 본다. 처음에는 평상시 말투대로 읽어 보며 녹음을 한다. 그리고 같은 원고를 읽었던 아나운서의 목소리를 모니터해 보는 것이다. 모니터를 해 보면 아나운서와 다른 점이 발견될 것이다. 특히 억양에서 차이점이 느껴진다. 그리고 원고에 아나운서와 다르게 말한 부분을 형광펜으로 표시한다. 표시를 하면 바로 비교되는 게 있을 것이다.

눈에 띄는 것은 '~습니다' '~였어요' 등 문장 끝에 나오는 종결어미 처리다. 이 부분에서 사투리와 표준어의 차이가 많이 나타난다.

아나운서처럼 정확한 표준어를 구사하고 싶다면 뉴스 원고를 많이 읽어라. 뉴스 원고에는 감정이 들어 있지 않다. 정보만을 전달하기 때문에 감정을 배제하고 읽어야 한다. 객관적으로 글을 읽으면 말의 높낮이가 들어가지 않기 때문에 사투리를 고치는 데 도움이 된다. 또한 소리의 울림을 활용해 말해야 한다. 울림 있게 말하면 같은 사투리라 해도 더 깊이 있게 소리가 전달돼 듣기에 좋다. 울림 있게 말을 하려면 반드시 배의 힘을 사용해야 한다.

배의 힘을 사용하는 방법은 앞서 말한 복식호흡을 생각해라. 분명히 차이가 있을 것이다. 변화된 모습을 확인하고 나면 더 열심히 하게 되고, 그러다 보면 어느 순간 표준어를 자연스럽게 쓰고 있을 것이다. 또한 되도록 표준어를 사용하는 사람들과 많이 마주치고 이야기해 보도록 노력하자.

아이가 영어를 잘했으면 하는 바람이 있는 학부모들은 어려서부터 아이를 미국, 호주, 뉴질랜드, 필리핀 등 영어권 지역으로 조기유학을 보내는 경우가 많다. 한국에서도 영어를 잘 배울 수 있는데 굳이 외국으로 자녀들을 보내는 이유는, 영어를 생활화하는 집단 속에서 자주 듣고 말하다 보면 본토 발음으로 배울 수 있다고 생각하기 때문이다. 영어를 일상에서 많이 활용하도록 노출시키면 영어가 당연히 늘 수밖에 없다.

우리나라 말도 마찬가지다. 사투리를 쓰지 않고 표준어를 사용하고 싶다면 내 주위를 표준어를 쓰는 사람들로 채워야 한다. 그만큼 환경이 중요한 것이다.

또 다른 훈련법은 '음아 훈련'이다. 어미 처리가 너무 떨어지거나 지나치게 많이 올라가는 사투리라면 이 훈련이 도움을 줄 것이다.

음아 훈련은 "음~아 음~아"를 반복적으로 하는 것이다. 먼저 배에 힘을 주고 입을 다문 후 "음~~~" 소리를 내고, 다시 "아~~~" 하며 최대한 목청을 연다.

무엇이든지 투자하고 노력한 만큼 보답이 온다. 처음에는 힘들겠지만 표준어를 사용하고 싶다면 노력해야 한다.

미국 콜로라도 대학교의 심리학자 앤더스 에릭슨Anders Ericsson이 발표한 논문에서 처음 등장한 개념으로 '1만 시간의 법칙'이라는 것이 있다. 어떤 분야의 전문가가 되려면 최소한 1만 시간 정도의 훈련이 필요하다는 것이다. 사투리를 고치고 표준어를 쓰고 싶다면 1만 시간을 투자한다는 생각으로 연습하자.

스피치는 삶의 마지막 순간까지 계속 해야 하는 것이다. 소통을 잘하기 위해서 사투리를 일부러 고칠 필요는 없지만, 콤플렉스가 심해서 고치고 싶다면 앞에서 제시한 방법들을 꾸준히 연습하면 분명히 도움을 받을 수 있을 것이다.

▶ **사투리 고치는 방법**
① 목소리를 녹음한 후 들어보고 문제점을 찾아라.
② 사투리를 고치려면 뉴스를 많이 듣고 따라 해라.
③ 뉴스 원고를 읽는 <u>첫째</u> 날 녹음을 해라.
④ 매일 연습을 하고 난 후 <u>일주일째</u> 되는 날 다시 녹음을 해라.
⑤ 매일 연습을 하고 난 후 <u>이 주일째</u> 되는 날 녹음을 해라.
⑥ 매일 연습을 하고 난 후 <u>한</u> 달이 되는 날 녹음을 해라.
⑦ 그동안에 녹음했던 4개의 파일을 비교 분석하며 들어 보고 개선된 부분을 체크해라.

표준어 유튜버

사투리를 쓰지 않고 표준어를 잘 구사하는 유튜버들도 나름의 고민이 있다. 가장 큰 고민은 발음이 부정확하다는 것이다. 표준어를 사용해도 발음이 정확하지 않으니 말할 때 웅얼대고 전달이 잘 안된다. 그래서 위축돼서 말하기를 불편해한다. (발음에 대한 부분은 앞서의 '발음' 편을 다시 한번 확인하고 연습을 하면 된다.)

　사투리를 사용하든 표준어를 사용하든 유튜버들은 발음에 신경 써야 한다. 발음이 부정확하면 내용을 왜곡되게 전달할 수 있다. 표준어를 사용해도 발음을 정확하게 하고 싶은 유튜버라면 평상시 하관을 많이 움직이고 입 모양을 크게 해 말해야 한다.

　발음이 부정확한 사람들의 공통점은 웅얼대며 말을 한다는 것이다. 모음과 자음, 이중모음의 생김새가 다르고, 입 모양이 옆으로 벌어지는 모음과 위아래로 벌어지는 모음이 다른데 입을 웅얼대며 말하니 복화술 같다.

　발음을 정확히 하려면 입 모양을 크게 하려고 노력해라. 또한 자신의 발음이 샌다고 생각하면 새는 발음을 집중적으로 연습해야 한다. 발음을 분명하게 하고 싶다면 어린 시절의 습관도 매우 중요하다.

　현재 클럽에서 DJ로 있는 ○○ 님은 중학교 때부터 DJ가 되기 위해 매일 귀에 이어폰을 꽂고 제일 큰 볼륨으로 음악을 계속 들었다. 이후 청각이 제 역할을 못하게 되었다.

　다른 사람들은 잘 듣는 말을 자신은 두세 번 물어보거나 입 모양을 보고 상대방이 하는 말을 겨우 이해했다. 잘 듣지 못하니 말하는 것도 잘 못하게 되었고, 말할 때 웅얼대고 ㄹ 발음과 ㅅ 발음이 굉장히 부정확했다. 그래서 그토록 원하던 DJ가 되었지만 디제잉을 할 때 말은 되도록 하지 않고 음악을 주로 트는 DJ가 되었다. 너무나 안타까운 일이 아닐 수 없다.

　○○ 님은 처음부터 그런 게 아니다. 자신이 이런 상황을 만든 것이

다. 습관을 잘못들이면 발음이 안 좋아질 수 있는 사례에 해당한다.

▶ ㄹ 발음 훈련

ㄹ 발음이 잘 안된다면 먼저 혀를 부지런히 움직여 주어야 한다.
ㄹ 발음은 ㄹ이 초성과 종성에 위치할 때 혀의 움직임이 달라진다.

초성 : 음절의 구성에서 처음소리인 자음

중성 : 음절의 구성에서 중간에 오는 소리인 모음

종성 : 음절의 구성에서 받침으로 오는 자음

예) 학 – ㅎ 초성, ㅏ 중성, ㄱ 종성

종성에서 발음할 때가 초성에서 발음할 때보다 훨씬 발음하기 수
월하다. 종성에서 ㄹ 소리는 혀끝을 윗니 바로 뒷부분에 닿게 하는
것이다. 초성에 ㄹ이 올 때는 혀를 쭉 들어서 입천장까지 들어 올린
다는 느낌으로 발음을 하면 된다. 다음의 예시를 연습해 보자.

예) 릴레이, 리본, 리어카, 먹거리, 걸인, 룰렛, 러시아, 럭비, 널뛰기

▶ ㅅ 발음 훈련

ㅅ 발음이 안되는 사람 대부분이 영어에서 말하는 'th', 일명 번데
기 발음을 하는 경우가 있다. 'θ'의 발음을 하는 것이다.

ㅅ 발음은 공기를 내보내면서 아래윗니 사이에서 공기를 마찰시켜
내는 소리이다. 제대로 ㅅ 발음을 하지 않고 th 발음으로 나는 것은
발음할 때 혀의 위치와 공기가 잘못 나가고 있다는 증거이다. 간혹
"앞니가 벌어져서 혹은 치아가 발치되면 정상적인 발음이 힘든가

요?"라는 질문을 받는데, 앞니가 많이 벌어진 상황이 아니면 약간의 벌어짐은 큰 차이가 없다.

ㅅ 발음 내는 위치는 위 앞니 바로 뒤에 튀어나와 있는 곳이다. 혀를 그 자리에 붙이지 않고 아주 조금만 공간을 두고 숨을 내쉬어 공기를 마찰시키면 된다. ㅅ 발음에서 가장 중요한 것은 공기이다.

ㄹ 발음이든 ㅅ 발음이든 발음을 제대로 교정하려면 꾸준함을 갖고 오랫동안 연습해야 한다. 나이가 들수록 발음을 고치는 시간은 당연히 오래 걸릴 수밖에 없다. 그동안의 내 생활 습관과 환경을 한 번에 고칠 수 없듯이 말하는 발음 또한 습관이 중요하다. 발음 교정을 하려면 꾸준히 해야 한다. 필자가 지도했던 24살의 대학생은 발음 때문에 큰 콤플렉스가 있었다. 자신이 이야기를 하면 "뭐라고?" "무슨 말을 하는 거야?"라는 말을 늘 들었고, 그러다 보니 자신감도 떨어지고 위축이 되어 말을 잘 하지 않게 되었다고 한다.

하지만 말을 아예 안 할 수는 없는 법. 그는 발음을 고치고 싶어 다부지게 마음을 먹고 수업을 듣기 시작했다.

그런데 그는 수업을 단 한 번(100분)만 듣고는 달라진 게 아무것도 없다며 수업을 더 이상 듣지 않겠다고 했다. 참으로 경솔한 경우다. 필자는 그에게 무엇이든지 단기간에 되는 건 없다고 말했다.

하지만 그는 필자를 믿지 못하겠다며 어떻게 한 번 수업을 받았는데 완벽히 바뀌지 않느냐고 되물었다. 그래서 필자는 다시 그에게 무엇이든 급하게 마음을 먹으면 안 되고, 발음은 더욱 그렇다고 말해 주었다. 급한 마음으로 발음을 하려면 말이 더 꼬이고, 이미 잘못된 습관이 몸에 배웠기 때문에 집에서도 훈련을 게을리하면 안 된다고 덧붙였다.

"사실 수업을 듣고 한 번도 제대로 연습을 안 했어요"라고 고백한 그는 그제야 필자의 말이 이해되었는지 꾸준히 수업을 듣고 집에서도 열심히 연습을 했다.

일대일 코칭 수업을 마무리하면서 필자는 그에게 수업듣기 전의 영상과 개선된 후의 모습을 함께 보여 주었다. 수업 듣기 전의 영상을 봤을 때는 끔찍이도 싫어하며 부끄러워하더니 수업을 듣고 난 후 변화된 모습의 영상을 보았을 때는 환하게 웃었다. 무엇이든지 조바심을 가지면 될 일도 안 된다. 스피치는 더욱 그렇다. 단 한 번의 수업으로 모든 것을 고칠 수 있을 것이라는 그의 생각은 정말 경솔한 것이었다.

꾸준한 연습은 매우 중요하다. 무엇이든 많이 할수록 느는 법이다. 말을 많이 하지 않는 직업이라서, 사람 만나기를 좋아하지 않아서 발음 교정이 힘들다고 생각하지 마라. 발음 연습을 하고 말을 많이 하려는 상황에 노출시키면 된다.

말을 많이 하는 직종에 해당되는 기자, 아나운서, 승무원, 영업자보다 사무직처럼 주로 컴퓨터를 통해 업무를 보는 사람들이 발음 교정에 있어 더 힘든 경우가 많다. 발음 연습을 하고 일상에서 적용을 해야 하는데 사무직의 경우 실제로 말로 적용하는 것이 서비스직 종사자나 사람을 면대면 하는 직종의 사람들보다 덜 하기 때문이다.

하지만 말을 많이 하지 않는 직업이라 하더라도 말은 한다. 가족들과, 친구들과, 또 회사 사람들과 말을 한다. 일상에서 적용하면 된다.

이와는 달리 발음과 발성이 모두 좋다고 생각하는 유튜버라면 호흡에 신경을 써라. (호흡에 관련된 내용은 앞서의 '호흡' 부분을 참고하면 된다.)

호흡을 활용해서 스피치를 하면 청중들을 내 의견에 몰입할 수 있게 만들 수 있다. 그 예가 시사 프로그램을 진행하는 탤런트 김상중이다. 그가 진행할 때의 모습을 상상해 보아라. 발성과 발음, 호흡 모두 조화를 잘 이룬다.

예를 들어, "그래서 우리는 사건 현장에 직접 찾아가 봤습니다"라는 말을 할 때 그는 한 호흡에 빠르게 전달하지 않는다. 천천히 호흡하며 전달한다.

그래서 우리는 (3초 쉬고) / 사건 현장에 (3초 쉬고) / 직접 (2초 쉬고) / 찾아가 (3초 쉬고) / 봤습니다.

표준어를 사용하는 유튜버들의 경우 말을 세련되게 하고 싶다면 호흡에 더욱 집중하라. 말의 속도를 호흡으로 조절하면 타인과의 공감도 잘된다. 빠르기를 조절할 수 있기 때문이다.

결론적으로 사투리과의 유튜버이든, 표준어과의 유튜버이든 공통적으로 목소리의 3대 요소인 발성, 발음, 호흡이 모두 중요하다는 것이다. 거기에 미소까지 더한다면 당신은 멋진 목소리로 유튜브 방송을 잘 진행할 수 있을 것이다.

PART 3

유튜버의 스피치 Ⅰ

▶

'콘텐츠와 전달력' 두 마리 토끼를 모두 잡아라.

사람들은 그것을 원한다.

01 감성 스피치

나의 감성

감성이란 이성에 대응하는 개념으로 자극이나 자극의 변화를 느끼는 성질을 말한다. 유튜버에게 감성은 매우 중요하다.

표현력이 좋은 사람들은 감성이 많이 발달되어 있다. 감성이 잘 발달된다는 것은 감정이 풍부하다는 것을 말하기도 한다. 감성과 감정은 비슷하지만 다르다. 감성은 감수성과 비슷하며, 감정은 희로애락을 말한다.

유튜브를 보는 사람들은 유튜버의 표정과 말하는 모습을 보고 감정을 느끼고 동요한다. 감정 전달이 잘 표현되지 않으면 영상을 보는 사람은 동요되지 않고 당신의 채널에서 눈을 돌릴 것이다. 자신의 감성을 드러내려면 평소 자신의 감정을 사람들에게 잘 표현할 줄 알아야 한다.

사람들 중에는 타인과 공감하는 걸 힘들어하고, 사람 만나기를 별로 좋아하지 않아 주말에도 혼자 집에 틀어박혀 있는 사람이 있다.

이런 부류의 사람들은 유튜브 촬영을 할 때 감정을 사람들에게 잘 전달하지 못해 고민한다. 무표정으로 말하면 상대방은 내 생각을 잘 알아채지 못한다. 또한 무표정으로 촬영을 하면 영상을 보는 사람들은 당신과 교감하지 못할 것이고, 기존의 구독자들도 달아날지 모른다. 표정과 말투에 감성이 드러나지 않기 때문이다.

감정을 잘 표현하지 못하는 사람들은 눈치를 많이 보고 감정을 억누르는 경우가 많다. 그러다 보니 표정 변화가 거의 없고, 점점 무표정으로 변해 간다. 평소 잘 웃지 않는다면 웃어 보아라. 속으로 삭이는 성격이라면 참지 말고 자신의 의견을 말해 보아라. 자존심이 강해 남에게 약한 모습을 보이기 싫어 울음을 참았다면 참지 말고 울어 보아라.

당신은 '외로워도 슬퍼도 울지 않는' 만화 속 주인공이 아니다. 외롭고 슬프면 자신을 달래 주어야 한다.

감성을 담아 말하면 자신의 생각을 잘 전달할 수 있다. 긴 말로 구구절절 설명하지 않아도 당신의 눈과 표정으로 얼마든지 잘 전달할 수 있다. 얼굴 표정이 생기 있고, 비언어적인 부분(말의 내용을 뺀 모든 것)이 발달되어 있는 사람들은 보디랭귀지에 능하다. 언어가 통하지 않는 다른 나라 사람들과도 소통을 할 수 있다.

감성과 감정이 없는 사람은 없다. 인간은 '희로애락喜怒哀樂'이라는 감정이 있다. 기쁘고 화나고 슬프고 즐거운 감정을 누구나 안다. 감성과 감정은 있지만 개인적인 성향과 표현의 차이만 있을 뿐이다. 자신이 감정 표현에 서툴렀다면 이제부터는 감성 스피치를 해 보아라. 감정이 말에 묻어나서 상황에 맞게 말할 수 있는 표현력도 생긴다. 지식인들은 감성과 감정을 쓰면서 말하는 경우가 거의 드물다. 상대와의 교감보다는 자신이 준비한 내용 전달에만 힘을 쏟는 경우가 많기 때문이다.

필자가 아는 모 교수님은 사회적으로 저명하고 많이 알려진 분이다. 그런 그에게도 고민이 있었는데, 전문가 집단에서는 자신의 전공 능력을 인정받았지만 자신의 강의를 듣는 학생들은 그걸 잘 모르는 것 같다는 것이었다. 교수님께서 강의를 하면 수업시간에 학생들이 졸음을 참지 못하고 많이 존다고 한다. 강사 평가를 받고 난 후 그는 크게 깨달았다. 강의 내용이 아무리 좋아도 교감하지 않고 가슴이 아닌 머리로만 말하면 소통을 할 수 없다.

일전에 모 교수의 강연을 들은 적이 있는데, 필자는 꽤 큰 감동을 받았다. 어려울 거라 생각했던 내용을 명쾌하고 재미있게 쇼맨십까지 보이면서 진행했던 것이다. 무대 한가운데에서 강연도 하고, 무대 아래에까지 내려와 사람들에게 마이크를 쥐어 주면서 질문을 받는 모습이 일반 교수들과는 사뭇 다른 모습이었다. 온몸으로 열정을 다해 강연하는 모습에는 감정이 묻어났으며, 그의 감정을 받아들인 청자들에게 감흥을 주었다.

준비한 자료에만 치중하지 않고 퀴즈도 내고 유머도 선사했다. 학자이기 때문에 이론적인 부분만 지루하게 설명할 것이라는 선입견이 있을 수도 있는데, 그는 그렇지 않았다. 그날 이후 그의 팬이 되었다.

그 교수처럼 감성 스피치를 하면 말을 재미있고 유머러스하게 할 수 있다. 유머를 구사하면 듣는 사람들은 기분이 좋다. 분위기도 좋게 해 준다. 사람들은 강의를 할 때 간혹 욕심을 부린다. '내가 이 분야에서 최고야. 내가 당신들보다 많이 알아. 그러니까 내가 설명해 줄게. 잘 들어 봐'라는 생각으로 잘하려고 애쓴다. 그럴 필요 없다. 당신이 준비한 것을 그대로 전달하면 된다.

느끼는 대로 편하게 말하면 된다. 유튜버 활동을 하면 많은 사람들이 당신의 영상을 볼 것이다. 당신의 콘텐츠와 비슷한 내용을 하는 유튜버들도 당신의 영상을 볼 것이다. 같은 계통의 직업을 가진 사람들도 분명 당신의 영상을 볼 것이다.

'내 영상을 보는 사람들은 나보다 지식이 많을 수도 있고…….'

'○○○은 박사 학위도 있고, 이 분야의 최고 권위자이고…….'

'내 영상을 보고 사람들이 비웃지 않을까? 내가 말하는 게 틀린 건가? 내 의견에 반박하거나 의구심을 가질지도 몰라.'

이런 생각들을 하는 순간 가슴으로 말하지 않고 머리로 말하게 된다. 이런 태도로 유튜브 촬영을 하면 망치게 된다.

사람들은 보통 자신의 이야기에 호응을 잘 해 주고 표현해 주는 사람과는 소통이 잘되고, 무표정하거나 자신의 의견에 관심이 없으면 소통을 힘들어한다. 하지만 필자가 지도했던 40대 미혼의 여자 수강생은 반대의 경우였다.

그녀는 자신이 말할 때 반응이 없거나 무표정한 사람들과 대화를 하면 소통이 잘되는 반면, 상대방의 얼굴 표정이 환하거나 표현력이 좋은 사람들과는 소통을 잘하지 못하고 대화하기 어렵다고 했다.

일반적인 상황에서는 도저히 이해가 가지 않지만, 그녀와 이야기를 나누어 보니 이해가 되었다.

그녀의 가족들은 모두 감정 표현을 잘 안 하고 집안은 늘 조용하고 적막한 분위기라고 했다. 각자 역할만 알아서 하고 대화도 거의 안한다.

가족끼리 하는 대화라야 기껏 "식사하세요" "다녀왔습니다" "잘 자" 정도에 불과했다. 그녀의 친구들도 무표정이거나 표현을 잘 하지 않는 성격이라고 했다. 친구들을 사귈 때에도 자신의 가족과 같은 성향의 친구들만 만난 것이다.

그녀는 그래서 무표정하거나 무미건조하게 대화하는 사람들이 더 편한 것이었다. 자신의 환경과 주위 사람들에 의해 길들여진 것이다. 사람은 처한 상황과 감정이 다 다르다. 그래서 나를 알아야 내 감정을 알 수 있고 감성 스피치를 할 수 있는 것이다.

▶ 감성 스피치 활용법

- 당신이 어떤 사람인지 아는 게 중요하다. 자신은 자기가 제일 잘 아는 법이다.
- 인생의 희로애락 감정을 꺼내 보아라.
- 자신의 콤플렉스를 상기시키고, 왜 그것이 콤플렉스가 되었는지 생각하고 고쳐라.

타인의 감성

필자는 '쓸데없는' '보잘것없는' '쓸모없는'이라는 단어들을 매우 싫어한다. 나에게 쓸모가 없어도 다른 누군가에게는 매우 필요한 것일 수도 있기 때문이다.

축구를 주로 하고 골프에 관심 없는 사람에게 골프공은 필요 없고 쓸 용도가 없다. 하지만 골프를 치는 사람에게 골프공은 반드시 필요하다.

각자의 자리와 역할에서 모두 다 소중한 것이다. 다름을 인정하고 받아들여야 한다. 다른 것이지 틀린 것은 없다.

필자가 지도했던 한 수강생은 스피치 교육을 받기 전에는 화를 많이 내는 성격이었다. 자신의 의견과 대립되는 사람들과 대화를 할 때면 늘 먼저 화를 냈다. 그런데 스피치 교육을 받고 난 후 '화'가 아닌 긍정의 기운으로 변화가 되었다. '내 맘이 네 맘이 아니다' '내 의견과 타인의 의견이 같으면 좋은 것이고, 아니면 받아들이면 된다'는 생각으로 마인드가 바뀌었다. 나와 다른 의견을 갖고 있는 사람들이 있다면 이해하고 대화하려는 자세가 필요하다. 사람을 이해시키려 하는 것은 내가 나를 버리는 것보다 더 힘든 것이다.

사람들의 생김새가 다르듯이 성격도 다르다. 모든 사람들에게 내가 좋아 보일 수 없듯이, 같은 사람도 어떤 이에게는 소통이 잘되지만, 다른 이에게는 소통이 안되는 불통일 수가 있다. 타인을 인정하고 소통을 잘하려면 공감과 동감의 법칙을 활용해라.

소통이 안되는 사람을 설득하기 위해서는 화를 내는 게 아니라 공감과 동감이 필요하다.

주부들도 유튜버 활동을 많이 한다. 일과 양육을 함께하는 워킹맘들이 유튜버를 하는 경우도 있고, 전업주부로 유튜버 활동을 하는 경우도 있다. 사회생활을 하는 워킹맘들의 경우 외부와 단절되지 않고 사람들과 소통을 하다 보니 공감과 동감을 잘하고 감정 표현을 잘하는 경우가 많지만, 아이들을 양육하는 주부로만 살다가 갑자기 유튜브를 시작하려고 하면 힘든 경우가 많다.

전업주부들이 처음으로 유튜버에 도전할 때 추천해 주고 싶은 게 있다. 바로 홈쇼핑 쇼핑호스트들의 모습을 모니터하는 것이다. 상품을 판매할 때 쇼핑호스트의 얼굴 표정과 감정에 주목해 모니터를 해라. 주부들은 홈쇼핑에서 상품을 구매하는 경우는 많았겠지만, 그들이 물건을 팔 때 어떻게 스피치를 하는지는 신경 쓰지 않았을 것이다. 이제는 그들의 모습을 보면서 어떻게 물건을 파는지 보아라.

유튜버도 세일즈다. 쇼핑호스트가 홈쇼핑 채널에서 "꼭 구입해 보세요"라고 말하는 것이나 유튜버가 "좋아요, 구독, 알림 설정 부탁드려요"라고 하는 것은 별반 다르지 않다. 설득이다. 홈쇼핑에 등장하는 쇼핑호스트들을 모니터하게 되면 타인의 감정을 어떻게 읽는지 알 수 있을 것이다. 말을 잘하는 사람들의 기술 중 하나는 표현력이다.

감성 스피치를 하면 유튜버로 활동할 때뿐만 아니라 누구를 만나도 당당하게 스피치 할 수 있다. 감성 스피치가 잘된다면 영상이 아닌 목소리로 청취자들과 만나는 팟캐스트를 해도 좋다.

감성이 많이 발달하면 얼굴을 노출하지 않아도 음성의 떨림이나 말투를 통해 충분히 상대방에게 느낌을 잘 전달할 수 있다. 오로지 목소리로만 감성을 전달하는 것이다.

4차 산업혁명이다, 기술의 발전이다 해도 감성은 인간의 무기이다. 감성 스피치는 상대방과 공유하고 함께할 수 있다. 그것이 인간의 매력인 것이다.

필자의 스피치 철학은 때와 장소, 대상에 맞게 스피치를 하는 것이다. 즉 때론 냉정한 손석희 아나운서처럼 이성 스피치를, 때론 웃음을 주는 개그맨 유재석처럼 감성 스피치를 하자는 주의다. 매사 정보 전달만 하는 이성 스피치는 딱딱해 보이고, 그렇다고 늘 감성 스피치만 하면 감정적으로만 말하는 것처럼 보인다.

필자는 기상캐스터 시험을 볼 때 남들과 똑같이 날씨 정보를 전달하지 않았다. 기상캐스터 실기시험의 고정관념을 깼다.

기상캐스터 시험을 볼 때 정보 전달은 정확하고 명확하게 하면서 나의 캐릭터를 잡고 잘할 수 있는 모창을 선보이며 날씨 전달을 했던 것이다. 남들과 똑같이 하는 이성 스피치만으로 정형화된 스피치를 하고 싶지 않았다. 결과는 합격이었다.

유튜버들도 마찬가지이다. 구독자를 끌어당기려면 감성 스피치를 해라. 작년에 백상예술대상을 수상한 김혜자 선생님의 감성 스피치가 화제가 된 적이 있었다. 감성을 담아 수상 소감을 전하는 그녀의 모습에서 시청자들도 현장에 있던 배우들도 감동의 눈물을 흘렸다. 필자도 그녀의 수상 소감을 보면서 눈시울을 적셨다.

여느 수상자들처럼 "감사합니다. 고맙습니다. 이 상을 누구누구에게 바칩니다"라고 말하지 않고, 김혜자 선생님은 수상 소감으로 자신이 출연했던 드라마의 대사를 한 대목 읊으며 사람들에게 감동을 주었다.

내 삶은, 때론 불행했고, 때론 행복했습니다. 삶이, 한낱 꿈에 불과하다지만, 그럼에도 살아서 좋았습니다.

새벽에 쨍한 차가운 공기, 꽃이 피기 전 부는 달큰한 바람, 해질 무렵 우러나는 노을의 냄새…… 어느 하루 눈부시지 않은 날이 없었습니다.

지금 삶이 힘든 당신…… 이 세상에 태어난 이상, 당신은 이 모든 걸 매일 누릴 자격이 있습니다.

대단하지 않은 하루가 지나고, 또 별거 아닌 하루가 온다 해도 인생은 살 가치가 있습니다.

후회만 가득한 과거와 불안하기만 한 미래 때문에 지금을 망치지 마세요. 오늘을 살아가세요.
눈이 부시게 당신은 그럴 자격이 있습니다.

누군가의 엄마였고, 누이였고, 딸이었고, 그리고 나였을,
그대들에게

출처 : 드라마 〈눈이 부시게〉 중에서

02 이성 스피치

평정심

이성적인 사고방식은 유튜버에게 중요하다. 합리적인 결과가 나올 수 있는 확률이 높기 때문이다.

이성적인 사고방식은 유튜브를 준비하는 과정에서 더욱 중요하다. 유튜브를 할 때, '잘할 수 있을 거야!'라고만 생각하고 시작하는 것이 아니라 독자의 연령층과 콘텐츠, 촬영 장소, 장비, 비용 등을 미리 생각하고 준비하면 더 나은 결과를 얻을 수 있기 때문이다. 마음만 앞서는 것보다 이성적으로 준비하는 것이 성공 확률을 높인다.

이성적인 사고방식으로 말하는 것이 이성 스피치이다. 이성 스피치는 유튜브 진행 시 기승전결을 깔끔하게 보여 줄 수 있다. 냉철하고 이성적인 사고방식으로 유튜브를 진행하면 이상적인 결과를 가져올 수 있다.

이성 스피치를 하고 싶다면 자기계발을 열심히 해라. 이성 스피치를 하려면 지식이 많아야 현명하고 똑똑하게 말할 수 있다. 따라서 내가 전달하고자 하는 내용과 관련된 것들을 많이 알아 두고 준비하는 게 필요하다. 자신의 콘텐츠와 결부시킬 수 있는 소재와 내용을 많이 알아 두자.

또한 이성적으로 말하려면 평상시 자신을 잘 다스려야 한다. 흥분을 하지 않는 게 좋다. 흥분을 잘하는 사람들은 이성적으로 말하지 않고 감정이 앞선다.

화를 다스리는 방법은 평정심을 유지하는 것이다. 이성적으로 말하지 않고 감정적으로만 말하는 사람들은 논리성이 떨어지고 적절한 말이 생각나지 않고 감정이 격해지는 경우가 많다. 사람들을 질투하지 않고 욕심을 버리고 마음을 비우는 것이다.

물론 인간이 늘 이성적인 사고방식으로만 살 수는 없다. 감성으로 이야기하는 경우가 훨씬 많다.

면접을 볼 때에도 면접관은 이성적으로 점수를 매기려 하지만 마음의 동요가 생겨야 높은 점수를 주는 것이며, 소개팅에서도 객관적으로 봤을 때 성격이 좋고 외모가 준수해도 감정이 생기지 않으면 인연을 맺을 수 없다.

그래서 이성 스피치를 늘 해야 한다는 것이 아니라, 자신이 너무 감정적으로 말하는 경우가 많다면 이성 스피치를 하려고 노력을 해 보라는 말이다.

필자가 지도했던 33살의 미혼녀는 어릴 적부터 영국 런던에서 10년간 생활했다. 오랜 시간 외국에서 살았기 때문에 서양인들처럼 자유롭고 개방적인 사고방식을 갖고 있었다.

그녀가 지나치게 감정을 솔직히 표현하다 보니 친구들의 오해를 사게 되었고, 그로 인해 친구들이 그녀의 곁을 하나둘 떠났다.

친구들이 "떡볶이 먹으러 가자"라고 말하면 "매운 거 싫어해"라고 대꾸하거나, 또 "내일 도서관에서 공부하자"라고 말하면 "답답해"라고 말했다. 실제로 그녀는 매운 것이 싫고 도서관에서 공부하는 게 답답했을 것이다. 하지만 그녀는 감정으로만 말하는 잘못을 저질렀다. 이런 경우 상대방은 오해를 할 수 있다.

그녀가 상대방의 입장을 생각하고 이성적인 사고방식으로 말했다면 친구들은 그녀를 떠나지 않았을 것이다.

이성 스피치는 이유를 말해 주는 것이 좋다. 친구들이 "떡볶이 먹으러 가자"라고 말했을 때 "난 외국에서 오래 살아서 사실 매운 걸 잘 못 먹어. 김치도 잘 못 먹거든. 그래서 난 매운 걸 별로 안 좋아해"라고 듣는 사람의 입장에서 생각하며 말하는 것이다.

오랫동안 외국 생활을 했던 그녀는 서양식 말하기의 전형적인 자기 관점에서만 말한 것이다. 잘못된 그녀의 스피치 습관은 사람들을 떠나게 만들었다.

연애를 해도 오래가지 못했고 회사 생활도 오래하지 못해 늘 이직을 염두에 두고 있었다. 이렇게 반복된 패턴은 그녀를 너무나 힘들게 했다. 그런 그녀가 스피치 수업을 들으면서 변화하기 시작했다. 이성 스피치를 하면서 점점 사람들의 오해를 덜 사게 되었고, 지금은 한 직장에서 사람들과 원만한 관계를 유지하면서 일을 잘하고 있다.

스토리텔링

이성 스피치를 잘하고 싶다면 스토리텔링을 하자. 스토리텔링을 잘하려면 생각을 단순하게 하지 말아야 한다.

책은 객관적이고 이성적인 사고방식을 기르는 데 많은 도움이 된다.

책을 읽을 때는 눈으로도 읽고 입으로도 읽어 보자. 책을 소리 내어 읽으면 발음 훈련과 생각Thinking 훈련이 된다. 그리고 내가 좋아하는 분야의 책만 읽는 것이 아니라, 여러 분야의 책을 읽어 다양한 시각을 갖도록 해 주는 것이 좋다.

말 잘하는 사람들 중에는 책 읽기를 좋아하고 어휘력이 풍부한 사람들이 많다. 이성 스피치를 하려면 어휘력을 넓히는 게 좋다. 이성 스피치의 기초는 어휘력이다.

어휘력을 늘리려면 국어사전을 가까이 두어라. 요즈음에는 사전을 직접 들고 다니지 않아도 휴대폰 어플을 통해서도 이용할 수 있다. 그래서 국어사전 어플에 들어가 다양한 어휘들을 수시로 확인하고 알아 두는 것이다. 내가 당연히 알고 있을 거라 생각했던 어휘들이 전혀 다른 뜻을 갖고 있을 수도 있다. 뿐만 아니라 비슷한 말, 반대말, 표준말도 알 수 있다.

신문을 많이 읽는 것도 중요하다. 같은 주제라도 신문사의 논조와 기자의 성향에 따라 글의 흐름이나 내용이 달라진다. 신문을 읽고 난 후에는 사람들과 토론을 해 보는 것도 이성 스피치를 하는 데 도움이 된다. 다양한 사람들의 의견을 들을 수 있고, 나의 의견과 반대된 의견을 가진 사람들에게 논리적으로 반박하며 설득을 해 보는 것이다. 또 일상에서 하나의 주제에 대해서 친구들과 의견을 나누어 보는 것도 좋다.

과학, 논술, 여행 관련 잡지 등을 구독해 읽는 것도 이성 스피치를 하는 데 도움을 준다. 전문성을 갖고 말하고 싶다면 이성 스피치를 해라. 스토리텔링을 하려면 '왜?Why'의 연속성을 생각하며 육하원칙으로 말해 보아라.

▶ 스토리텔링을 만드는 방법

Q) 올해 목표가 무엇인가요?

1차 전개

A) 저는(누가) 올해(언제) 도서관에서(어디서) 책을(무엇을) 많이 (어떻게) 읽는 것입니다.(왜)

2차 전개

A) 그 이유는 작년에 저는 책을 많이 읽지 못했습니다.

　(왜?) 여자친구와 데이트를 하느라 책 읽는 것을 소홀히 했습니다.

　(왜?) 여자친구와 하루 기본 4시간씩 같이 있었고 회사가 끝난 후에도 여자친구와 놀기 바빴습니다.

　(왜?) 제가 여자친구를 너무 사랑해서 오랜 시간 함께 있고 싶었습니다.

위의 예시처럼 '왜?'라는 질문을 스스로에게 던지면 다양한 에피소드와 스토리를 만들 수 있다. 스토리텔링으로 이야기를 하면 좀 더 생생하고 설득력 있게 전달할 수 있다.

스토리텔링을 잘하는 또 하나의 방법은 나만의 콘텐츠가 많아야 한다는 것이다. 자신이 운영하는 채널 관련 내용에만 관심을 갖는 것이 아니라 취미생활이나 다양한 프로젝트에도 참여해 보아라. 작은 소재도 스토리텔링이 될 수 있다. 스토리텔링이 없다고 어려워할 필요 없다. 만약 당신이 직장인이라면 회사와 집, 여가생활을 따로 분리해서 생각하지 마라. 회사에서 겪었던 일들도 내가 겪은 일이고, 집에서 가족들과 있었던 일들도 내 스토리인 것이다. 친구들과 여행 가서 겪은 일, 소개팅했던 일, 맛있는 음식을 먹었던 것 등등이 모두 내 스토리인 것이다.

20대 초반의 유튜버를 희망하는 사람들에게 "자신의 스토리를 넣어 이야기를 만들어 보세요"라고 말하면 "저는 오래 살지 않아서 스토리가 없어요"라고 하거나 "유튜버 활동을 하고 싶은데 스토리가 없어서 주제를 어떤 걸 잡아야 할지 모르겠어요"라고 대꾸하는 경우가 많다. 또는 "저는 학생이라 학교와 집 외에 다니는 곳이 없어서 콘텐츠가 없고, 스토리가 없어요"라고 말한다. 결코 그렇지 않다. 어렵게 생각하기 때문에 어려운 것이고, 생각하지 않기 때문에 생각나지 않는 것이다.

오늘 하루 있었던 일들만 생각해도 스토리가 많다. 하지만 스토리는 그냥 나오지 않는다. 앞서 말한 대로 '왜?'라는 것을 머릿속에서 인지해야 한다. 스토리는 단답형이 아니라 간결형이 좋고, 간결형보다는 문장형으로 스토리텔링을 하려고 노력해 보자. 스토리텔링을 할 수 있는 소재들이 많아질 것이다. 스토리텔링을 할 때는 진정성 있게 해라.

간혹 유튜버 중에 있지도 않은 사실을 사실인 것처럼 지어 내어 질책을 받는 경우가 있는데, 절대 그래선 안 된다. 사람과 사람 사이에서 중요한 것, 유튜버와 구독자에게 중요한 건 바로 진정성이다.

진정성 있게 말하자. 사람들에게 감동을 주고 함께하려면 진정성이 밑바탕 되어야 한다.

유튜버로 활동하기로 결심했다면 마음을 담아 진심을 다해라. 진심을 다해 말하면 사람들은 당신을 좋아할 것이고, 당신의 채널과 콘텐츠도 사랑받을 것이다.

이성 스피치를 했던 대표적인 인물이 스티브 잡스Steve Jobs다. 청중을 들었다 놓았다 하는 그의 프레젠테이션은 흡입력이 있었다. 그는 정말 치밀하게 프레젠테이션을 구성했다. 얼마나 치밀한지 하나의 슬라이드에 하나의 포인트만 있을 때까지 계속 수정을 했다고 한다. 이성적인 사고방식 없이는 절대 할 수 없는 행동이다.

유튜버들도 마찬가지다. 사람들에게 당신의 유튜브 채널을 알리려면 이성적인 사고와 이성 스피치가 필요하다. 긴 말을 중언부언하지 않고 논리를 갖추어야 한다. 수치, 표, 분석 등을 잘 전달해야 하는 애널리스트, 변리사 등의 직업은 유튜버로 활동할 때 이성 스피치가 매우 중요하다. 이성 스피치를 하며 채널을 운영하고 싶은 유튜버들은 스티브 잡스처럼 반복적으로 연습을 해라.

IT 업계 종사자 중에 유튜버에 도전하고 싶어 하시던 분이 계셨다. 그 업계에 근무하는 사람들은 대체로 고객을 직접 만나서 일하기보다 자리에 앉아서 컴퓨터로 프로그래밍을 하거나 컨설팅 설계를 많이 한다.

그는 PPT 자료 발표와 분석 데이터로 설명을 해야 하는 경우가 있는데, 종종 중간에 말이 막힐 때가 있다고 하였다. 머릿속은 자료로 가득 찼지만 스피치로 풀어내는 게 부족했던 것이다.

그래서 그는 회사에서 프레젠테이션을 해야 하는 일정이 잡히면 필자의 학원으로 와 PPT 자료를 켜 놓고 실제 오프닝부터 클로징, 동선까지 생각하며 연습을 했다. 또한 유튜브를 시작하면서부터는 영상을 찍기 전 카메라를 보면서 반복적으로 스피치 연습을 했다.

이처럼 반복적으로 연습을 하니 긴장하고 굳었던 그의 표정은 어느새 여유가 생기면서 이성 스피치를 잘 소화했다. 회사에서 발표를 잘한다고 인정을 받았음은 물론, 지금은 유튜브도 잘 운영하고 있다.

03 오감 스피치

오감 만족 스피치

오감이란 시각, 청각, 후각, 미각, 촉각의 다섯 가지 감각을 말한다. 유튜버들은 오감을 활용하여 스피치를 해야 한다.

첫째, 시각은 아이 콘택트를 말한다. 아이 콘택트는 카메라의 정면을 응시하는 것이다. 아이 콘택트에 대한 부분은 앞서 '미소' 부분에서 일부 설명을 했다. 영상 촬영을 할 때는 카메라 정면보다 약간 아랫부분을 보면서 촬영하는 게 좋다. 내 모습을 영상에 담을 때는 각도와 시선에 따라 모습이 다르게 나오는데, 카메라 아랫부분을 보면 훨씬 더 갸름하고 멋져 보이며 신뢰감을 줄 수 있다.

둘째, 청각은 영상을 보는 구독자의 이야기에 귀 기울이는 것을 말한다. 구독자의 의견을 하나하나 소중히 여기며 자신의 채널을 발전시키는 데 자료로 활용해야 한다.

셋째, 후각은 자신만의 고유의 향이 있어야 함을 말한다. 사랑받는 스타들은 나름 각각의 매력과 향이 있다.

개그맨 유재석의 스피치와 신동엽의 스피치, 그리고 아나운서 출신의 방송인 장성규의 스피치와 전현무의 스피치의 향은 모두 다른 매력을 갖고 있다. 그렇기 때문에서 방송국에서 그들을 찾는 것이다. 이들이 다 똑같이 말하고 똑같은 향을 가지고 있다면 모두 사랑을 받지 못했을 것이다. (자신의 향을 찾기 위해서는 앞서 말한 '유튜버의 콘셉트 찾기' 부분을 참고하길 바란다.)

넷째, 미각은 다양성이라고 말하고 싶다. 음식에는 짠맛, 신맛, 쓴맛, 단맛 등 다양한 맛이 있는데, 각각 다른 맛의 음식을 먹을 때 사람의 표정이 다양하게 나온다. 다양한 표정으로 구독자들을 만나라.

마지막으로 촉각은 촬영을 할 때 구독자들과 직접 만나서 악수를 하거나 친근한 스킨십을 할 수는 없지만, 활용은 가능하다는 것을 말한다. 즉 카메라를 만져 주며 촬영하는 것이다.

카메라를 만져 주라는 것은 카메라를 적극적으로 활용하라는 말이다. 혼자서 멘트를 할 때 친근감 있게 카메라를 줌Zoom으로 밀고 들어와 당기기도 하고, 전체 숏을 보여 줄 수도 있다. 카메라를 찍을 때 줌, 아웃, 풀 숏, 버스트 숏 등을 자유자재로 촬영할 수 있고 편집도 할 수 있다.

실제 전문 방송인들은 원고와 진행에만 충실하면 된다. 스텝들이 나머지 준비를 모두 다 해 준다. 하지만 유튜버들은 진행자이면서 스텝의 역할도 해야 한다. 진행, 촬영, 편집, 조명, 녹음 등 1인 다역을 해야 하는 경우가 많다.

요즈음 유튜브에서는 일상을 담은 브이로그가 뜨고 있는데, 그 영상을 보면 카메라를 만지면서 촬영하는 모습을 자주 볼 수 있다. 깔끔하고 정제된 영상을 보여 주는 것이 아니라 자연스러움을 추구한다. 유튜버들은 전문 방송인이 아니기 때문에 방송을 완벽하게 하려는 것보다는 자신의 느낌을 잘 전달하는 것이 중요하다. 때문에 오감 스피치를 활용하면 좋은 결과를 얻을 수 있다. 영업이나 세일즈를 하려는 유튜버들이 오감 스피치를 활용하면 더욱 좋다.

필자가 지도했던 수강생 중에 보험사의 신입사원으로 입사해 지금은 보험 왕이 된 사람이 있다. 소극적이었던 그는 성격을 개선하고자 수업을 들었는데, 말을 잘하게 되면서 말하는 재미를 붙였다. 그리고 유튜브에도 욕심을 내 지금은 보험에 대해 알려 주는 유튜버로 활동하고 있다.

그는 오감 스피치를 잘 활용하고 있는데, 보험 관련 내용을 촬영할 때는 삼각대에 카메라를 올려놓고 시각 촬영(아이 콘택트-카메라 가운데 아랫부분 보기)을 하고, 그 외 자신이 좋아하는 축구와 농구에 대한 브이로그 영상을 촬영할 때는 이마에 액션캠을 달거나 셀카봉을 직접 들고 움직이며 촉각 촬영(카메라를 만지며)을 한다.

오감 스피치를 통해 당신의 개성을 보여 주어라. 카메라를 보면서 오감 스피치를 활용하려면 꾸준히 자신이 촬영한 영상들을 모니터하는 게 중요하다. 카메라를 보면서 영상을 보는 사람들과 교감하는 당신을 확인해라. 발전하는 모습을 볼 수 있을 것이다. 물론 말할 때 오감 스피치를 중간중간 놓칠 수도 있다. 그럴 때는 다시 의식하면 된다. 그러다 보면 말하는 것이 점점 편해지고, 당신의 편안함이 구독자들에게 잘 전달되어 그들도 편안하게 당신의 방송을 볼 것이다.

인간의 5가지 감각의 발달은 스피치에도 매우 중요하다. 오감 발달 방법을 알아 두자.

▶ 시각
- 스마트폰을 적절히 사용한다. 스마트폰의 장시간 사용은 눈을 피로하게 한다.
- 눈을 오른쪽으로 5번, 왼쪽으로 5번 회전한다.
- 눈을 감은 상태에서 눈을 부드럽게 2초간 눌러 마사지한다.
- 미세먼지에 주의하며, 먼지가 많은 날은 선글라스나 보안경을 착용한다.
- 눈과 눈 주위를 검지와 중지를 이용해 수시로 눌러 준다.

▶ 청각
- 음악을 너무 크게 듣지 않는다.
- 귀 주변을 부드럽게 마사지해 준다.
- 너무 큰 소리가 나는 장소에 자주 가지 않는다.
- 귓불을 10번 정도 늘려 준다.
- 옆에서 보는 귀의 모양이 세모꼴이 되도록 20번 정도 구겨 준다.

▶ 후각
- 음식을 먹을 때 냄새에 집중한다.
- 평소 맡는 냄새에 더 집중해 본다.

- 냄새를 잘 못 맡는다면 근본적인 원인을 찾는다.
- 콧물이나 재채기를 유발하는 매운 음식은 자제한다.
- 냄새에 따라 기분을 파악해 본다.

▶ 미각
- 침샘이 발달하도록 음식을 꼭꼭 씹어 먹는다.
- 재철 식재료를 이용한 음식을 음미하며 먹는다.
- 간을 약하게 한 음식을 먹음으로써 음식 고유의 향과 질감을 느껴 본다.
- 짠 음식을 절제한다.
- 담배와 술을 금지한다.

▶ 촉각
- 부드러운 솜털이나 천 등을 사용해 평온함을 느낀다.
- 악력을 이용해 손을 쥐었다 폈다를 반복한다.
- 감각의 예민함과 민감함을 느껴 본다.
- 뜨개질, 점토놀이 등 손을 많이 사용한다.
- 가족, 연인과 스킨십을 자주 한다.

비즈니스 매너
'유튜브 개설만이 목표'라고 단정하지 말고 유튜브 채널 개설과 동시에 자신을 1인 기업가라고 생각하고 말하고 행동하자. 자신을 업그레이드 시킬 준비를 하자.

유튜버인 당신을 찾는 사람이 많을수록 비즈니스 매너에도 신경 써야 한다. 매너란 상대방을 존중해 주는 과정을 행동과 태도로 나타내는 것이다. 실제 유튜브 영상이 잘돼서 외부 강연이나 팬 미팅을 하는 유튜버들이 참 많다.

비즈니스 매너 중 중요한 것이 먼저 인사이다. 인사는 밝고 경쾌하게 눈을 보면서 먼저 한다. 악수도 중요하다. 악수는 사람과 사람을 더 가깝게 만든다. 악수를 할 때 남성들은 여성과 인사할 때 부끄러워서 간혹 손끝만 살짝 잡는 경우가 있는데 바람직하지 않다. 불쾌한 감정이 들 수도 있다.

우리나라 사람들은 대체로 스킨십에 인색하고 불편함을 느끼는 경우가 많은 데 반해 유럽 사람들은 얼굴을 맞대고 인사하는 것에 대해 불편함이나 거부감이 없다. 우리나라 사람들은 일반적이거나 일상적이지 않으면 불편해한다. 일반적이지 않은 액션을 취하면 상대방이 불편해하는 것을 자신도 느낀다. 스킨십이 불편하다고 생각하지 말고 사람 사이의 거리를 좁혀 주는 가까워지기 위한 것이라 생각해라.

비즈니스 매너에서 중요한 것 중 또 하나는 명함이다. 유튜버 활동을 하기로 결심했으면 명함을 준비해라. 어느 직업이든 명함은 필수이다. 유튜버도 직업이다. 필자는 유튜브를 하는 사람들한테서 명함을 받아본 적이 없다. "무슨 일 하세요?"라고 물어보면 "유튜버입니다"라고 당당히 말하는 사람이 드물다. 스스로 유튜버를 직업이라고 생각하지 않는 것 같다. 자신의 콘텐츠를 알리는 매력적인 일을 하는 당신의 직업은 유튜버이다.

현재 유튜브 채널이 있거나 개설 예정자라면 당장 명함에 '○○○TV 유튜버 ○○○'을 기재해라. 사람들을 만날 때마다 그 명함을 건네주고 채널도 홍보하고 구독하게 만들어라. 명함은 당신의 얼굴이다. 명함을 만든 후에는 당신을 알리는 게 중요하다.

명함을 줄 때는 일어서서 두 손으로 전달하며 상대방이 바로 읽을 수 있도록 한다. 명함을 받을 때는 줄 때와 마찬가지로 일어나서 받으며 두 손으로 정중히 받는다. 명함을 받은 후에는 소속과 성함을 확인하자. 받고서 바로 지갑에 넣지 마라.

세상은 당신을 기다리고 있다. 당신은 진귀한 보물이다. 세상과 소통을 하고 당신을 보여 주어라.

▶ 인사

- 밝고 부드러운 미소로 인사한다.
- 아이 콘택트를 하며 인사한다.
- 긴장하지 말고 몸에 힘을 빼고 어깨를 올리지 않고 인사한다.
- 구부정한 자세로 인사하지 않는다.

▶ 악수

- 오른손으로 한다(왼손은 결투 신청의 의미이기 때문에 왼손잡이라도 악수는 오른손으로 해라).
- 연장자가 연하자에게, 여성이 남성에게 청한다.
- 한 손으로 눈을 마주보며 한다.
- 직장 상사 혹은 연장자와는 10~15도 정도 허리를 굽혀 한다.

▶ 명함

- 명함은 아랫사람이 윗사람에게 먼저 주는 것이 예의이다.
- 명함을 전달할 때는 자신의 정보가 잘 보이도록 건네라.
- 자신의 유튜브 닉네임과 채널명, 콘텐츠 내용 등을 말하면서 명함을 건네라.
- 명함을 동시에 꺼내면 당황하지 말고 오른손으로 명함을 건네고 왼손으로 명함을 받는다.

04 온몸 스피치

몸을 쓰는 MC

몸으로 말하는 대표적인 MC 2명은 개그맨 신동엽과 강호동이다.

신동엽은 말할 때 손을 많이 사용한다. 그가 진행하는 TV 프로그램을 보면 손을 분주히 움직이며 말하는 모습을 볼 수 있다. 손을 활용하면서 말하는 대표적인 MC라 할 수 있다.

또 강호동은 씨름 선수 출신이라 그런지 에너지가 강하고 울림 있는 스피치를 한다. 말할 때 몸 전체를 활용한다. 그는 TV 프로그램에서 고개와 온몸을 움직이며 말하고 동작과 표정이 크다. 몸에서 큰 에너지가 나온다. 웃을 때도 입만 웃지 않고 몸전체로 감정을 표현한다. 몸을 크게 쓰는 스피커이다.

신동엽과 강호동처럼 몸을 활용해서 스피치를 하면 전달력이 좋고 생동감 있게 말할 수 있다.

온몸을 움직여 말하면 감정 표현이 잘되고, 그것이 표정에 드러나서 말도 더 잘할 수 있다.

다양한 주제를 콘텐츠로 잡고 진행하는 유튜버들은 반드시 온몸을 쓰면서 스피치를 해야 하며, 인위적으로 하지 말고 말과 내용에 맞게 손과 표정을 써야 한다. 온몸 스피치를 하면 친구들의 작은 농담에도 상처를 받았던 사람들도 농담도 편하게 할 수 있고 상대방과의 벽을 허무는 데도 도움을 준다.

또, 눈치 없는 사람이 아닌 센스 있는 사람으로 바뀔 수 있다.

강호동 온몸 스피치

그는 온몸에 에너지가 꽉 차 있는 사람이다. 전직 씨름 선수답게 다부진 체격을 뽐내며 TV 속 화면을 꽉 채운다. 그가 말하지 않고 리액션을 하는 장면에서도 필자는 그의 무표정한 표정을 본 적이 거의 없다.

그는 방송을 하기에 약점이 많은 사람이기도 하다. 고치기 힘든 사투리와 웃지 않으면 강해 보이는 얼굴이 그렇다. 하지만 그는 이런 핸디캡을 몸짓 스피치로 승화시켰다. 몸을 계속해서 움직이는 동적인 모습을 보여 주면서 프로그램을 진행하는 것이다. 굳어 있는 제스처가 아닌 몸을 움직이며 시청자들과 가까워지려고 노력했다. 카메라에서 원 숏, 풀 숏, 버스트 숏으로 다양하게 앵글을 잡아도 그는 늘 카메라 쪽으로 가까이 다가가며 몸을 자유자재로 움직인다.

사투리와 강해 보이는 이미지를 몸짓 스피치로 승화시킨다. 목소리와 몸짓을 크게 하며 자신의 이미지를 굳혔다. 큰 동작을 하면서 스피치를 하면 상대에게 힘 있고 에너지 넘치는 모습을 보여 줌으로써 말을 할 때도 전달력이 생긴다.

한번은 에어컨을 교체하고자 백화점에 가서 상품을 보고 있는데, 텔레비전을 판매하는 매장에서 강호동의 목소리가 들려 필자도 모르게 그쪽으로 시선이 간 적이 있었다. 목소리가 어찌나 크고 우렁찬지 '실제 강호동이 왔나?' 하고 가 보니 텔레비전에서 나오는 그의 모습이었다. 그런데 영상 속에 비친 그의 모습은 마치 연극을 하는 것처럼 몸을 부지런히 움직이며 말을 하고 있었다. 몸을 많이 쓰면서 말을 하면 자신도 모르게 목소리가 커진다.

그 이유는 내 동작이 크면 당연히 동작을 하는 내 목소리도 덩달아 커지게 되기 때문이다. 뮤지컬이나 연극 배우들이 몸을 크게 활용하며 연기하는 이유는 공간의 쓰임을 알기 때문이다. 몸짓을 활용하면 목소리가 커지고 자신감이 생기며 시선을 사로잡게 된다.

영국 오디션 프로그램 출신의 가수 '폴 포츠Paul Potts'가 우리나라에 방문한 적이 있었다. 그때 그는 강호동이 진행하는 프로그램에 출연했는데, 강호동에 대해 이렇게 평가하였다.

"사회자의 열정이 대단하다. 그것이 나에게 잘 전달되는 것 같다. 그에게서 많은 영감을 받았다."

말이 통하지 않아도 강호동의 힘과 에너지가 전달된 것이다. 강한 에너지로 상대에게 스피치를 전달하는 강한 파워 스피치! 강호동 스피치의 장점이다.

그의 스피치는 비단 말에만 힘이 있는 것이 아니라 눈빛, 얼굴 근육의 쓰임, 웃음소리, 입가에 번지는 미소, 상대를 향한 제스처, 동선 등 모든 것이 파워 스피치인 것이다.

이 모든 것에 그의 강한 에너지가 있다. 그가 진행하는 프로그램을 보면 공간이 꽉 찬 느낌을 받는다. 방에서 책을 읽다가도 거실에서 강호동이 나온 프로그램을 부모님이 보고 계시면 TV 볼륨소리가 작아도 단번에 그가 어떤 프로그램을 진행하는지 알 수 있다. 온몸 스피치가 그의 스피치를 한결 더 돋보이게 하는 것이다.

신동엽의 손짓 스피치

신동엽은 농담을 기분 나쁘지 않게 잘하기로 유명한 MC이다. 개그맨이기 때문에 재치와 유머는 기본이지만, 같은 말을 해도 그는 상대가 기분 나쁘지 않게 스피치를 잘한다. 예전에 그가 19금 TV 프로그램을 진행했는데, 야한 농담도 기분 나쁘지 않게 선을 지키며 잘했다. 그이기 때문에 프로그램을 잘 이끌어 갈 수 있었다고 생각한다.

그의 스피치 하는 모습을 보면 한 가지를 발견할 수 있다. 바로 손짓이다. 말을 하면서 손을 분주하게 움직인다. 강호동의 스피치가 몸 전체를 활용한다면 신동엽은 손으로 디테일을 표현한다. 과거 그가 출연했거나 현재 진행하는 프로그램들을 보면 금방 알 수 있다. 그는 손으로 그림을 그리듯이 스피치를 한다. 이것이 신동엽의 손짓 스피치이다. 손짓 스피치를 할 때도 내용과 잘 맞게 활용한다. 내가 어색하면 남도 어색하게 보기 때문에 손을 쓸 때는 자연스러워야 한다. 신동엽은 어떤 상황에서도 손을 움직이며 말하는 것이 자연스럽다. 그가 진행하는 프로그램을 보면 어색함을 전혀 찾아볼 수 없다. 그는 시종일관 처음부터 끝까지 계속 손을 쓰지 않는다. 내용과 상황의 완급 조절을 해 가며 진행한다. 손짓 스피치 솜씨가 일품이다.

몸과 손을 쓰며 말하려면 우선 자신감을 갖고 내가 전달하고자 하는 내용을 잘 파악하고 있어야 한다. 오로지 몸을 쓰라는 것이 아니다. 몸과 손을 활용하며 스피치를 하려면 반드시 내가 전하고자 하는 내용에 자신이 있어야 한다. 그때 비로소 손과 몸을 자유롭게 사용할 수 있다. 손짓을 활용하며 스피치를 하면 스피치가 굉장히 부드러워진다. 같은 말을 해도 부드럽고 따뜻하게 들린다. 스피치가 부드러워지면 말을 할 때 자연스러운 호흡도 생기고 악센트 조절도 된다.

온몸 스피치를 활용하는 강호동의 스피치가 힘 있게 지르는 파워 스피치라면, 신동엽의 손짓 스피치는 편안하고 부드러움을 전달한다.

온몸 스피치 연습 방법

사람들은 보통 입으로만 말을 하는 것으로 생각하는데 절대 그렇지 않다. 입, 손, 눈, 표정 등 온몸으로 말하는 것이 진짜 말하기이다. 경직된 상태에서 말하면 자연스러워 보이지 않는다. 말이 아니라 암기한 것을 읊는 것처럼 보인다. 이런 모습을 보고 듣는 사람은 불편하다.

서양 사람들은 보디랭귀지 활용을 적극적으로 하고 말할 때도 생기가 있다. "안녕하세요?"라는 말을 할 때 동작을 함께 크게 취하며 말한다. 그에 반해 우리나라 사람들은 말을 해도 무미건조하게 들린다. 대체로 몸을 쓰지 않고 말하기 때문이다. 몸을 쓰며 말하면 장점이 굉장히 많다. 우선 유튜버로서 온몸 스피치를 활용할 때는 먼저 내 콘텐츠에 대한 이해가 있어야 한다. 몸을 쓰는 게 우선이 아니다. 내가 준비한 내용을 전달하는 게 우선이며, 그 전달을 더 높이는 것이 온몸 스피치인 것이다. 먼저, 몸을 움직이면서 말을 하면 긴장이 풀리고 생각나지 않던 말도 생각날 수 있도록 도와준다.

그래서 말 잘하는 사람들은 몸을 잘 활용한다. 리포터들은 인터뷰할 때 질문지만 보고 읊지 않는다. 몸을 움직이고 인터뷰 대상자와 마주보며 동작을 하고 질문을 한다.

또 청자들의 집중을 돕는다. 서로 교감이 잘되고 내가 하고자 하는 말을 상대에게 다 전달했을 때 뿌듯함을 느낄 수 있다. 청자들이 이해를 좀 더 빨리 하게 되어 반복적인 것들이 줄어들고 시간적인 부분에서도 많이 절약할 수 있다. 부드러운 카리스마도 보여 줄 수 있다. 그러면 의견을 수렴하는 쪽에서는 공격적인 대응이 아닌 긍정 반응을 하게 된다. 또 몸을 활용하면서 말하면 여유가 생긴다.

가장 큰 것은 설득이 잘되어 사람의 마음을 살 수 있다는 것이다. 누군가에게 의견을 제안할 경우 당당해 보이고 설득도 잘하게 되고 신뢰

도도 쌓인다.

몸을 쓰며 스피치를 하려면 몸이 뒤쪽으로 넘어가면 안 된다. 사람이 적극성을 보일 때는 몸을 앞으로 기울이게 된다. 불편한 장소나 싫어하는 사람이 있으면 거부감이 생겨 시선도 멀리 보고 머리와 어깨가 뒤쪽으로 넘어간다. 영상을 찍을 때 얼굴이 크게 나올까 봐 걱정돼서 카메라에서 멀리 떨어져서 뒤에서 촬영하지 말고 당신의 적극성과 열정을 구독자들에게 잘 전달하고 싶다면 몸을 앞쪽으로 기울여 촬영해라. 당신의 영상을 보게 하려면 이렇게 온몸 스피치를 활용해라. 온몸 스피치를 할 때는 '나는 연기자다'라고 생각하면 좋다. 특히 뮤지컬배우나 연극배우라고 마인드컨트롤을 하자.

소극장 무대에서 연기를 하는 연극배우들은 관객이 멀리 있는 것도 감안해 혼신의 힘을 다해 동작을 크게 하며 연기를 한다.

이런 제안을 하면 유튜버 중에는 "너무 부자연스럽지 않을까요?" "작위적이에요"라고 말할 수도 있겠다. 걱정 마라. 당신 몸은 이미 너무 굳어 있다. 연극배우나 뮤지컬배우처럼 하라고 해도 그들 에너지의 반의반도 따라가지 못할 것이다. 그러니 필자를 믿고 한번 해 보길 바란다.

말은 곧 에너지이다. 에너지가 강하고 클수록 좋다. 몸이 허약하고 힘이 빠지면 피곤해서 말을 잘할 수 없다. 아무리 좋은 내용이 있어도 제대로 전달할 수가 없다. 체력을 길러야 온몸 스피치를 활용할 수 있다.

연기하듯이 말하려면 신체 훈련도 소홀히 하면 안 된다. 유튜버들이 영상에서 표현할 수 있는 것은 목소리, 스피치, 움직임이다. 영상을 보는 사람들은 당신의 움직임을 보고 소통을 한다. 몸을 움직인다는 것은 당신의 심리 상태와 느낌을 전달하는 것이다.

온몸 스피치는 정신과 육체의 전달을 동시에 의미한다. 스피치와 몸은 굉장히 밀접하게 연결되어 있다. 러시아 문학의 거장 안톤 체호프 Anton Chekhov의 조카 미하일 체호프Michael Chekhov는 〈배우에게〉란 글에서 '인간의 육체란 배우의 가장 친한 벗이며 동시에 가장 무서운 적이다'라고 했다. 움직임을 통해 상대에게 잘 전달될 수도 무섭게 전달될 수도 있는 것이다. 그러므로 유튜버들은 자신의 몸짓 하나 손짓 하나를 굉장히 신중하고 조심스럽게 잘 활용할 필요가 있다.

신체를 잘 발달시켜 스피치를 하면 당신의 영상을 보는 이들도 당신을 좀 더 깊게 이해하고 의도를 정확히 파악할 수 있다. 같은 말을 해도 온몸을 써서 말하는 것과 입만 뻥긋거리며 말하는 건 많은 차이가 있다는 것이다.

몸짓 스피치를 하고 싶다면 외국인 친구들을 사귀는 것도 하나의 좋은 방법이다. 언어가 다른 친구를 만나면 나의 의견을 말해야 상대의 말도 들을 수 있기 때문에 은연중에 몸을 쓰며 말하게 된다.

소통을 잘하려면 온몸 스피치가 있어야 한다. 신체언어도 사용해야 한다. 신체언어는 말은 하지 않고 몸짓, 손짓, 표정 등 직접적인 신체 동작으로 의사나 감정을 표현하고 전달하는 행위를 말한다.

신뢰감을 줄 수 있고, 유대감을 형성할 수 있으며, 전문적인 모습도 보여 줄 수 있다.

온몸 스피치 연습 방법

- 겨드랑이에 팔을 붙이지 말고 주먹 하나가 들어갈 공간을 두고 팔을 움직이며 말한다.
- 가슴에서 30센티미터 정도 앞에서 손을 써라.
- 손을 쓸 때 골반 아래로는 손을 내리지 마라.
- 연설이 아닌 이상 어깨 위로는 되도록 손을 올리지 마라.
- 어깨와 골반 가운데에서 손을 활용해라.

05 숫자 스피치

포즈 살리기

유튜버는 숫자 스피치 활용도 필요하다. 숫자 스피치는 말을 체계적
이고 구체적으로 전달할 수 있는 방법 중 하나이다. 더불어 포즈pause
(잠시 멈춤)를 더해 말하는 것도 매우 중요하다.

▶ 예시 ①

약속을 잘 지키려면 집에서 일찍 출발해야 하고 약속 장소에 30분
정도 일찍 가겠다는 생각을 해야 합니다. 그리고 습관적으로 지각
하지 않도록 해야 합니다.

▶ 예시 ②

약속을 잘 지키려면?

첫째, 집에서 일찍 출발해야 합니다.

둘째, 약속 장소에 30분 정도 일찍 가겠다는 생각을 해야 합니다

셋째, 지각하지 않는 습관을 길러야 합니다.

위 예시 ②처럼 내용은 같지만 첫째, 둘째, 셋째처럼 순서를 활용하는 것만으로도 상대에게 신뢰감을 주고 말을 체계적으로 전달하는 느낌이 들 것이다.

숫자 스피치를 할 때는 절대 서두르면 안 된다. 숫자를 말한 후, 다음 문장을 바로 말하지 마라. 상대가 들을 준비가 아직 안 되어 있다. 숫자를 이야기하고, 2초 정도 쉼을 준 후 말을 이어 가라.

▶ 예시 ③

약속을 잘 지키려면?

첫째, (2초 쉬고) 집에서 일찍 출발해야 합니다.

둘째, (2초 쉬고) 약속 장소에 30분 정도 일찍 간다는 생각을 해야 합니다.

셋째, (2초 쉬고) 지각하지 않는 습관을 길러야 합니다.

말을 가치 있게 전달하는 데에도 숫자 스피치가 유용하다. 숫자 스피치는 다른 말로 서수 스피치를 뜻하기도 한다. 숫자 스피치를 활용하면 전문성을 더 잘 보여 줄 수 있다. 숫자 스피치는 해결책이나 대안을 제시

할 때 활용하면 그 진가가 더 발휘된다. 그 예가 캠페인 문구나 사람들에게 선거 공약을 말할 때이다. 국회의원 후보자들은 유세 현장에서도 숫자 스피치를 적극적으로 활용한다.

안녕하세요? 기호 0번 ○○○입니다. 제가 국회의원이 된다면
첫째, 깨끗한 지역을 만들겠습니다. 요즈음 우리 지역을 보면⋯⋯
둘째, 교육 환경에 더욱 신경 쓰겠습니다. 주위에 시끄러운 공사 소리⋯⋯
셋째, 지역 특산품을 더욱 널리 알리겠습니다. 잘 사는 지역이 되기 위해서는⋯⋯

위의 예시처럼 숫자 스피치를 시작으로 스토리를 넣어서 진행하는 경우가 국회의원 선거 연설에서 주로 사용된다. 숫자 스피치를 하고 난 후 공약을 이야기하고, 공약을 바탕으로 구체적으로 내용을 넣어 말해 준다. 또 숫자 스피치는 홈쇼핑에서도 많이 활용한다.

안녕하세요. 쇼핑호스트 ○○○입니다.
오늘 아주 좋은 상품 하나를 소개해 드리려고 합니다. 바로 몸에 좋은 오미자차입니다. 오미자차가 왜 좋은지 말씀드려 보겠습니다.
첫째, 오미자차는 5가지 맛을 가지고 있습니다. 신맛, 짠맛, 매운맛, 쓴맛, 단맛 등 오미자차 한 잔으로 이 5가지 맛을 모두 느낄 수 있습니다.
둘째, 다이어트에 도움을 줍니다.
셋째, 피로 회복에 좋습니다.

이런 식으로 숫자 스피치를 활용하고 부연 설명이나 스토리텔링을 넣어 주는 것이다. 숫자 스피치를 한다는 것은 상대에게 "내가 지금부터 말할 거니까 내 말 들을 준비해!"라고 암시를 주는 것이다.

숫자 스피치를 하면 말을 보다 더 명확하게 전달할 수 있다. 숫자 스피치를 좀 더 잘 전달하고 싶다면 숫자 스피치를 활용한 뒤에 앞서 말한 '스토리텔링 만드는 방법'에서 제시한 '왜?'라는 것을 생각하면 좋다.

안녕하세요. 쇼핑호스트 ○○○입니다.

오늘 아주 좋은 상품 하나를 소개해 드리려고 합니다. 바로 몸에 좋은 오미자차입니다. 오미자차가 왜 좋은지 말씀드려 보겠습니다.

첫째, 오미자차는 5가지 맛을 가지고 있습니다. 신맛, 짠맛, 매운맛, 쓴맛, 단맛 등 오미자차 한 잔으로 이 5가지 맛을 모두 느낄 수 있습니다.

(왜? - 신맛은 해독 기능이 있고, 쓴맛은 혈액 순환을 도와주며, 매운맛은 폐를 보호합니다. 또한 단맛은 임산부 입덧을 덜하게 하고, 짠맛은 신장과 방광에 좋습니다.)

둘째, 다이어트에 좋습니다.

(왜? - 우리 몸의 수분 섭취를 돕고 칼로리에 부담이 없기 때문에 다이어트 음료로도 좋습니다.)

셋째, 피로 회복에 좋습니다.

(왜? - 만병의 근원인 만성피로! 오미자에는 칼슘, 철, 비타민 B1, 단백질 등 우리 몸에 좋은 영양소가 많이 들어 있어 피로 회복에 도움을 줍니다.)

3의 법칙

숫자 스피치를 활용하여 유튜브를 촬영하면 영상을 보는 이에게 당신의 열정을 더 잘 전달할 수 있다. 단순히 생각나서 하는 말이 아니라 자신의 생각을 정리해서 조리 있게 말하는 모습을 보여 줄 수 있는 것이다. 콘텐츠를 가치 있게 보여 주고 싶다면 숫자 스피치를 적극적으로 활용해라.

그리고 숫자 스피치에서 3이라는 숫자를 잊지 말아라. 라틴어에서 "셋으로 이루어진 것은 완벽하다"는 말이 있다. 실제로 그렇다. 스티브 잡스가 했던 유명한 스탠포드 대학 연설의 일부를 살펴보자.

> 저는 오늘 세계에서 가장 훌륭한 대학 중 하나를 졸업하는 여러분과 함께 이 자리에 선 것을 영광스럽게 생각합니다. (중략) 저는 오늘 여러분께 제 인생 3가지 이야기를 전달하겠습니다.

> 첫 번째 이야기는 점의 연결에 관한 이야기입니다. (생략)
> 두 번째 이야기는 사랑과 상실에 대한 이야기입니다. (생략)
> 세 번째 이야기는 죽음에 관한 이야기입니다. (생략)

프레젠테이션을 잘하기로 유명한 스티브 잡스도 '3의 법칙'을 활용하고 있다. 숫자 스피치는 객관적으로 이야기할 때 활용하면 좋다. 앞에서 설명한 이성 스피치의 느낌을 갖고 진행해라. 숫자 3의 또 다른 개념은 서론(①)-본론(②)-결론(③)으로 의견을 제시하는 것이다. 서론, 본론, 결론으로 이야기를 할 때, 본론에서는 숫자 3의 법칙을 한 번 더 사용해라.

대안이나 제시하고자 하는 중요 부분은 본론에서 나오기 때문에 서수를 활용하며 첫째, 둘째, 셋째를 넣어라. 말할 때 세 번 반복하는 것도 좋다. "이 상품이 좋아요~. 진짜 좋아요. 누구든지 좋아할 것입니다"라는 식으로 말이다.

"좋다"라는 말을 세 번 반복했다. 이것도 3의 법칙 중 하나이다. 숫자 스피치는 상대에게 내용을 쉽게 전달할 수 있다는 장점이 있다. 그렇다고 숫자 스피치를 너무 빈번하게 자주 활용하면 오히려 전달하기가 힘들어질 수 있다. 서론에서 3가지, 본론에서 3가지, 결론에서 3가지를 이야기하면 너무 정신없거나 임팩트가 없다.

또한 숫자 스피치를 살려서 적극적으로 이야기하고 싶다면 숫자 다음에 등장하는 문장부호에도 신경을 쓰면 상대가 더 이해하기 쉽다.

문장부호란 느낌표, 물음표, 쉼표 등을 말한다. 문장부호를 활용하면서 숫자 스피치를 하면 전달력을 배가시킬 수 있다. 말의 내용을 더 잘 전달할 수 있는 것이다.

글에만 문장부호를 활용하는 것이 아닌 말에도 문장부호를 활용해야 한다. 드라마나 영화 작가들은 글을 쓸 때 대사만 써 놓지 않는다. 대사 옆에 작가의 의도를 문장부호로 표시하기도 하고, 배우들의 이해를 돕도록 동작이나 표정을 지문 안에 표시하기도 한다. 연기자뿐만 아니라 유튜버도 마찬가지다.

▶ 문장부호의 쓰임

- **쉼표**(,) 부르는 말이나 대답할 때

  너, 큰일 났어.

  : 너, 하고 다음 이어지는 말을 하기 전에 부를 때 사용

- **마침표**(.) 설명

  너 큰일 났어.

  : 설명하면서 마무리

- **물음표**(?) 물을 때

  너 큰일 났어?

  : 큰일 나서 걱정되어 묻는다.

- **느낌표**(!) 느낌을 나타낼 때

  너 큰일 났어!

  : 진짜 큰일 났다고 느낄 때 쓴다.

- **줄임표**(……) 하려는 말을 줄일 때

  너…… 큰일 났어.

  : 너를 부르고 난 후 말을 할까 말까 망설일 때 사용

숫자 스피치와 문장부호를 적극적으로 활용하면 열린 스피치를 할 수 있다. 자신의 생각과 느낌을 더 잘 전달할 수 있다.

숫자 스피치를 활용할 때 급한 속도로 말하지 말고 호흡에도 신경 쓰자. 말을 할 때 "음…" "저…" "그게…" "그래서…" 등 필요 없는 말은 하지 말고, 명료하고 간결하게 전달하자. 핵심 단어 중심으로 군더더기 있는 말들은 없애 버리고 말하자.

필요 없는 말을 하는 이유는 스피치에 자신이 없기 때문이다. 숫자 스피치를 활용한다는 것은 스티브 잡스의 프레젠테이션처럼 간결함과 세련미를 전하기 위해서이다.

숫자 스피치는 자신이 있을 때 활용하자. 숫자 스피치를 하려면 먼저 내가 준비한 내용을 원고나 대본 없이도 완벽히 숙지하고 있어야 하며, 앞서 말한 몸짓 스피치도 함께하면 좋다. 활기차게 말할 수 있고 사람들의 시선을 집중시킬 수 있기 때문이다. 내 안의 가장 큰 에너지를 활용하겠다는 마음으로 숫자 스피치를 진행해라.

PART 4

유튜버의 스피치 Ⅱ

▶

말을 잘하는 사람들의 기술 중 하나는 '표현력'이다.

01 실내 촬영 스피치

실내 촬영

촬영할 때 스피치는 장소와 공간에 따라 다르게 해야 한다.

연극, 영화, TV에 등장하는 연기자들의 연기는 목소리 톤과 스피치가 조금씩 다르다. 그 이유는 공간의 쓰임에 따라 말의 울림과 전달이 달라지기 때문이다.

일전에 드라마를 보다가 깜짝 놀란 적이 있다. 드라마에 등장하는 배우는 실력파 연극배우로 굉장히 유명한 사람이었는데, 텔레비전에 등장하는 그녀의 연기력이 너무 어색해 보였던 것이다. 필자는 소극장 무대에서 그녀의 연극을 보고 연기력에 반한 적이 있었다. 하지만 텔레비전에서 연기하는 그녀의 모습은 허공에 대고 연기하는 느낌을 받을 정도로 매우 부자연스러워 보였다. 그 이유는 그녀가 연극 할 때와 똑같은 연기를 하고 있었기 때문이다.

텔레비전을 뚫고 나올 것처럼 연극대사를 읊듯이 연기를 하고 있었다. 필자만의 생각이 아니라 함께 텔레비전을 보던 다른 사람들도 같은 생각이었다. 그녀 관련 기사를 찾아보니 "연기가 어색하다" "연극이 더 잘 어울려요"라는 댓글들이 많이 달려 있었다.

연극배우, 영화배우, TV 탤런트는 연기 방식이 다른 게 아니다. 바로 공간의 차이다.

필자도 대학에서 연기 전공을 했다. 그래서 연기 수업과 카메라 연기 수업을 모두 배웠다. 연기 수업은 실제 연기자가 꿈인 연기를 배우는 과목이고, 카메라 연기는 카메라를 보고 하는 연기를 말한다. 연기를 할 때 중요한 것은 공간의 쓰임을 아는 것이다.

유튜버도 공간의 쓰임에 따라 '말'이 달라진다는 것을 알면 촬영하기 수월하고 스피치가 한결 더 자연스러워진다. 공간의 쓰임에 따라 스피치를 달리해야 한다. 말의 내용을 바꾸라는 것이 아니라 실내 스피치와 실외 스피치의 차이를 알아야 한다.

실내에서의 유튜브 촬영은 TV와 영화에서 비춰지는 연기자들의 모습, 실외 촬영은 공연장의 연극배우들 모습을 상상하면 비교가 쉬울 것이다.

▶️ 실내 유튜브 촬영

- 자신의 빈 공간(서재, 방 등 혼자서 있는 공간)
- 먹방 촬영(음식점 촬영 등)
- 실내 스튜디오를 대여해서 진행(스튜디오 색상, 조명 설치―뷰티 유튜

버 등)

- ASMR(빈 공간에서 소리 극대화)

실내 신scene 촬영에서 가장 중요한 것은 전달력이다. 마이크를 착용하고 진행하는 경우가 많기 때문에 실내에서는 굳이 목소리를 크게 할 필요가 없다. 사람이 없는 공간에서 혼자 촬영할 때는 편안함을 느낀다. 스텝이 없는 상태에서 혼자서 촬영을 하면 더 편안함을 느낄 것이다. 나만의 공간에서의 촬영은 시끄럽지 않다. 사람은 자신이 익숙한 공간에서 편안함을 느끼고 본래의 말투와 표정이 나온다. 부끄러움의 강도가 실외 신보다 나을 것이다. 부끄럽지 않게 자신의 모든 것을 다 보여 주는 대표적인 유튜버로 '구도쉘리'(구독자 수 35만 명)를 들 수 있다.

'구도쉘리'가 집 안에서 촬영하는 모습은 매우 자연스럽다. 내가 편한 공간에서의 촬영이 실내 신의 장점이기도 하다. 그녀의 매력은 내숭을 떨지 않고 본래의 모습을 감추지 않는 것이다. 볼록 나온 배를 드러내며 비키니를 입고 식사를 하기도 한다. 일상 그대로를 자연스럽게 보여 준다. 구독자들에게 존칭어를 쓰지 않고 그들을 편한 친구라 생각하고 자신의 일상을 공유한다.

처음 그녀의 영상을 본 사람들은 "뭐야?" 하면서 의아해하고 놀라워했다. 하지만 지금은 "우와, 대단하다!"로 바뀌었다.

늘씬한 몸매가 아님에도 불구하고 과감하게 탱크톱tank top을 입고 뱃살을 드러낸다. 그게 끝이 아니다. 음식을 막 먹는다. 카메라가 앞에 있다고 눈치 보며 예쁘게 먹지 않는다. 그리고 그녀는 자신의 영상을 보는 사람들에게 말한다.

"지금 이런 스타일의 패션은 호주에선 아무런 문제가 되지 않아."

"너희들 시선에서 보는 세상이 전부가 아니야. 그러니 그만 변태 취급하고, 그만 정신병자 취급했으면 좋겠어."

그녀가 촬영하는 장소는 대부분 호주에 거주하고 있는 자신의 방이다. 실내 공간, 나만의 공간은 오로지 나를 잘 보여 줄 수 있는 공간이다.

실내 신은 자신의 방이나 익숙한 공간 외에도 실내 스튜디오를 대여해 진행하기도 한다. 실내 스튜디오 촬영의 장점은 투자한 만큼 가치가 나오는 공간이기도 하다는 것이다. 조명이나 장비들에 따라 자신의 모습이 더 예쁘고 멋있게 나올 수 있다. 장비와 조명을 세팅해 놓고 진행하면 깔끔한 진행자의 느낌을 줄 수 있다.

반면에 단점은 시간제로 스튜디오를 예약하기 때문에 만약 2시간 대여를 했다면 2시간 안에 촬영을 모두 다 마쳐야 한다는 것이다. NG가 많이 나면 추가적으로 비용을 더 지불해야 한다.

실내 스튜디오는 뷰티 유튜버들이 많이 활용하는 공간이기도 하다. 뷰티 유튜버들은 실내에서 촬영을 할 때 무엇보다 깔끔하고 예쁘게 나오는 것이 중요하기 때문이다. 대표적인 뷰티 유튜버들은 '회사원A' '쎈님' '민가든'을 들 수 있다.

그들은 집 혹은 사무실에 실내 스튜디오와 같은 공간을 꾸며 놓았다. 민낯을 과감하게 드러내지만, 메이크업을 완성했을 때 풀 메이크업 상태에서는 환하고 뽀얀 모습을 영상으로 보여 준다.

ASMR 영상도 무조건 조용한 실내 공간에서 촬영이 진행된다. 시끄러운 실외에서는 제대로 소리를 전달할 수가 없기 때문이다. 그래서 반드시 사람이 없는 조용한 곳에서 촬영을 해야 한다. 실내에서 유튜브 촬영을 할 때는 정서적인 부분이 중요하다.

실내 신 촬영에서는 실외 신 촬영(야외 촬영)에 비해 과하지 않게 스피치를 해야 한다. 실외 신 촬영은 새로운 장소나 환경이 장치가 될 수 있다. 하지만 실내 신 촬영은 오로지 당신이 상황을 이끌어 가야 한다.

실내 신 촬영은 시선 처리를 하는 아이 콘택트가 매우 중요하다. 앞서 말한 대로 카메라 시선은 위를 올려보지 말고 가운데 아래를 보아라. 신뢰감을 줄 수 있고 영상에서도 멋지게 보일 수 있다. 시선을 너무 들어 올리거나 내리면 건방져 보이고 구독자들이 불편해할 수 있다. 표현력도 중요하다.

앞에서 설명한 내용들을 바탕으로 내 콘텐츠와 잘 어울리게 표현을 해 보자. 촬영을 할 때 실내, 실외 상관없이 중요한 것은 신선함과 자신감이다. 신선함이란 영상을 보는 사람들이 '새로운 영상인데?' '지금까지 이런 영상은 못 봤는데…'라는 생각이 들면 그 영상은 절반 이상 성공한 거라 보면 된다.

사람은 새로운 것에 호기심을 느끼고 흥미가 생긴다. 유튜브는 흐름이 굉장히 빠르다. 그리고 콘텐츠에 대한 제한도 별로 없다. 그러니 소재가 무궁무진한 건 당연한 것이다. 소재의 신선함이 없더라도 당신 이미지를 신선하게 심어 줄 필요는 있다.

유튜버 '양팡'(채널명 '양팡YangPang', 구독자 수 233만 명)은 신선함으로 승부를 걸었다. '양팡'의 신선함이란 털털하고 할 말 다하는 그녀의 캐릭터와 함께 그녀만의 유행어들을 만든 것이다. 그녀의 방송을 즐겨 보는 사람들은 양팡이 말만 하면 다 유행어가 된다고 생각할 정도이다.

양팡의 유행어

- **물소** 양팡이 유행시킨 대표 유행어. 예전부터 사심 가득한 남성 시청자들을 '물소'로 불렀다.
- **암소** 아프리카 전체에서 유행한 '물소'와는 달리 양팡방에서만 사용되는 용어이다. 여성 시청자들을 지칭하는 용어이다.
- **금지** 양팡의 친언니. 본명은 양지영이지만, 양팡의 본명인 양은지(銀)에서 아이디어를 얻어 '금(金)지'라 불리게 되었다.
- **짬식이** 양팡의 남동생. 항상 양팡이 남긴 음식들을 남김없이 처리해서 '짬 처리'에다 본명인 '현식'을 합쳐 짬식이라 불리게 되었다. 양팡은 '양현식'으로 부른다.
- **팡머니** 양팡의 어머니. 양팡의 어머니가 방송 출연에 거부감이 없어서 자주 방송에 출연한다.
- **고독한 무사** 양팡 아버지의 아프리카 닉네임이다.
- **오랑이** 오랑우탄 리액션을 자주 했던 양팡의 별명이다.
- **팡방갤** 양팡 방송국을 의미한다.
- **백삼** 매니저이자 양팡 유튜브 관리자이다.
- **효년** 효녀에 ㄴ을 붙여 욕설처럼 만들어 정반대의 의미로 쓰인다.
- **파파라치** 양팡하면 파파라치춤을 빼놓을 수 없다.

출처 : 〈위키백과〉

실내 신 촬영에서 유튜버가 해야 할 일

유튜브를 하는 시간이 당신에게 소중한 시간이길 바란다. 그런 마음가짐으로 채널을 준비하고 영상을 업로드하면 사람들은 당신의 마음을 알 것이며, 더 많이 사랑해 줄 것이다.

현재 당신이 채널을 어떻게 준비하고 운영하느냐에 따라 구독자 수는 늘 수도 줄 수도 있으며, 당신의 채널이 성공할 수도 실패할 수도 있다. 하지만 그 기준은 자신이 만드는 것이다. 단 10명의 구독자가 있어도 자신의 콘텐츠에 만족감을 갖고 있으면 성공한 것이고, 수만 명의 구독자가 있고 광고 수익이 많이 붙어도 자신이 회의감에 빠지거나 만족하지 못하면 실패한 것이다. 마음가짐이 중요하다.

분명한 것은 꾸준함이 결국 이긴다는 것이다. 꾸준히 영상을 촬영하고 업로드하려면 카메라를 두려워하면 안 된다. 평상시 말을 잘하던 사람도 카메라 앞에 서면 긴장하고 불안해한다. 유튜버로 활동하기로 결심했다면 부딪쳐야 한다. 뜻대로 안 되고 자신 없다고 피하기만 하면 유튜버로 활동할 수도, 발전할 수도 없다. 일단 카메라를 켜고 시작해라. 마음먹고 행동으로 보여 주면 쉽고, 마음먹고 행하지 않으면 어려운 것이다.

▶ 실내 신 촬영에서 유튜버가 해야 할 일

① 나의 첫인상 점검

 - 내가 보는 나의 모습과 타인이 보는 나의 모습은 다를 수도 있고 같을 수도 있다.
 - 채널 개설 전 사람들과 많은 대화를 통해 자신을 이미지 메이킹

해라.

② 인상 만들기
– 나의 콘셉트를 잡았다면 영상에서 비춰지는 자신의 이미지를 구축해라.

③ 스피치 분석
– 앞에서 설명한 '유튜버의 캐릭터와 콘셉트 잡기'를 참조해라.
– 자신이 어떤 유형의 유튜버인지 확인하고 스피치 연습을 해라.

④ 콘텐츠 정리
– 내가 하고자 하는 콘텐츠가 준비되었다면 정리를 하면서 최종 점검한다.

⑤ 모니터
– 내가 진행하고자 하는 내용이 다른 유튜버가 하지 않았던 최초의 소재인지 점검해라.
– 기존에 비슷한 콘셉트가 있다면 다른 유튜버들은 어떤 식으로 진행하는지 모니터해라.

⑥ 인원 체크
– 오로지 나 혼자 진행할지 친구와 같이 진행할지 고민해라.
– 인원 체크는 동선에 영향을 준다.

⑦ 실내 장소 분석

- 실내 장소도 굉장히 다양하다. 주로 집에서 촬영을 하는 경우가 많다.
- 집에서 촬영이 진행될 경우 집 안의 구조와 배경에 신경을 쓴다.
- 배경색과 인테리어, 구도를 조율한다.

⑧ 실내 촬영

- 부담을 갖지 말고 촬영을 해 보라.
- 앵글을 버스트 숏, 풀 숏, 클로즈업 등 각도 촬영을 달리해 본다.

⑨ 편집

- 자신이 촬영한 영상은 자신이 잘 알기 때문에 직접 편집하려고 노력해 보고, 힘들다면 주위에 도움을 청한다.

⑩ 업로드

위 과정을 숙지하고 연습하고 반복하다 보면 촬영이 한결 더 편안해질 것이고, 스피치도 잘 정리해서 말할 수 있다.

추후 라이브 방송을 계획하고 있다면 구독자들의 질문들이 당황스럽기도 하고, 생각지 못한 질문을 받으면 두려울 수도 있다. 그런데 의도치 않은 질문을 받더라도 고민할 필요가 없다. 자신이 잘 알고 있는 부분이라면 이야기해 주면 되고, 잘 모른다면 "제가 확인해 보고 댓글이나 추후 라이브 방송에서 다시 말씀드릴게요"라고 말하면 된다.

실내 신 촬영에서는 비언어적인 면을 많이 활용해라. 실외 신 촬영은 오로지 나만 비추는 것이 아닌 주위의 환경들을 영상에 담는 경우도 많지만, 실내 신 촬영은 내 위주의 단독 숏이 많기 때문이다.

실내 스튜디오에서 진행하는 유명 MC들은 비언어적인 부분을 매우 잘 활용한다. '버럭' 캐릭터가 강한 이경규와 박명수의 공통점은 비언어적인 측면이 많이 발달되어 있다는 것이다. 방송에서 그들의 모습을 보면 상대에게 격하게 버럭버럭하거나 화를 낼 때가 많다. 그런데 화를 내는 그들을 보면서 시청자들은 웃는다.

박명수가 "네가 그래서 안 되는 거야"라는 멘트를 게스트에게 호통을 치면서 핀잔을 줘도 당하는 게스트들은 화내지 않고 웃는다. 비언어적인 부분의 적극적인 활용이다. 이경규가 화를 낼 때도 콧구멍을 벌렁거리거나 눈을 굴리거나 표정을 익살스럽게 하기 때문에 상대방은 장난으로 받아들인다. 실내 촬영에서 사람들에게 재미난 이야기를 하고 싶거나 농담을 하고 싶다면 비언어적인 측면, 특히 얼굴 표정을 활용하면 좋다.

텔레비전에 등장하는 예쁜 연예인들이 "저 원래 예뻐요"라고 말하면 시청자들은 '자기 얼굴 예쁘다는 거 너무 티내는 거 아냐? 별로야'라는 생각이 들 수도 있지만, 얼굴 표정을 일부러 희화화하거나 익살스러운 표정을 지으며 "저 원래 예뻐요옹. 호호홍~"이라고 말하면 오히려 호감이 생긴다.

02 실외 촬영 스피치

실외 촬영

실외 촬영에서는 시간과 공간을 인지하고 스피치를 하자.

야외 촬영은 늘 시간에 쫓긴다. 해가 일찍 지기라도 하면 영상의 분위기가 바뀌게 된다. 그래서 촬영하고자 하는 장소가 야외라면 미리 동선부터 생각하고 준비해야 한다.

음식점에 가서 촬영을 하고 싶은데 사람들이 와자지껄 모여 있는 장면을 머릿속으로 상상한다면 사람들이 붐비는 시간을 정해 가야 한다. 그 시간을 확인 안 하고 무작정 갔다가는 혼자서 음식을 먹는 모습만 영상에 담아 올 수도 있다.

그리고 야외 촬영은 공간을 넓게 써야 한다. 실외 촬영은 동작이 실내 촬영보다 훨씬 크다. 사람들은 영상에 등장하는 당신의 말이나 행동을 보고 믿는다. 최대치 표현을 해 주어야 전달이 잘된다. 그에 따라 스피치도 울림을 크게 해야 한다.

인기 아이돌그룹 출신의 가수 박준형이 진행하고 있는 채널 '와썹맨'(구독자 수 230만 명)을 보면 알아챌 수 있을 것이다. 그는 야외 촬영을 할 때 절대로 작은 목소리로 진행하는 경우가 없다. 활동적인 모습을 화면에 담아야 하기 때문이다.

야외 촬영에서는 현장에서 보여 줄 수 있는 부분은 모두 다 보여 주어라. 풍경이 예쁘거나 화면에 멋지게 담을 수 있는 구도가 있다면 그 부분을 적극적으로 활용해도 좋다. 사실적으로 표현하는 것이다.

가능한 한 표현의 범위를 다 활용해라. 표현력이 부족하다면 표현력을 키워야 한다.

맛있는 음식을 먹었을 때 워크맨의 장성규, 와썹맨의 박준형은 단순히 "맛있다"가 아닌 "우와, 맛있다. 정말 맛있어! 기절할 것 같아!!" 이런 식으로 최대한의 표현을 한다.

야외 촬영은 상상력도 필요하다. 매운 짬뽕을 먹었을 때 인서트 insert(화면의 특정 동작이나 상황을 강조하기 위해 삽입한 화면)를 모두 찍어 놓고 앵글을 다르게 하여 편집하기 좋게 많이 촬영할 경우도 있다. 짬뽕을 3번이나 4번 먹을 수도 있다. 첫 번째 촬영 때 먹어서 그 맛을 안다고 해도 두 번째나 세 번째 먹을 때 이미 먹어 본 것처럼 촬영하면 안 된다.

당신은 여러 번 그 음식을 맛봤지만 영상을 보는 사람들은 영상만 보고 맛을 평가하기 때문에 마치 처음인 것처럼 맛 표현을 잘 해야 한다. 당신의 느낌, 표정이 모두 영상에 드러난다.

유튜브를 하기로 결심했다면 한 명의 가족이 더 생겼다고 생각해라.

가족은 함께 있는 시간이 많다. 가족은 타인보다 나를 아껴 주는 존재이며, 나도 가족을 타인보다 더 아끼게 된다. 유튜버 영상 속의 모습이 곧 당신이고, 당신의 채널이 가족이다. 유튜브는 이제 당신의 가족이다. 첫사랑이라고 생각해도 좋겠다.

유튜브 개설, 촬영, 업로드 이 모든 것이 처음일 것이다. 첫사랑을 계속 유지하고 싶다면 설렘보다도 소통을 해야 한다고 생각한다. 그 혹은 그녀와 끊임없이 소통해야 다투지 않고 잘 지낼 수 있지 않겠는가? 끊임없이 나의 채널과 소통하려고 노력해라. 첫사랑이라고 늘 사랑만 할 수는 없다. 싸우기도 하고 웃기도 한다. 당신의 채널과 웃기도 하고 울기도 하고 싸울 때도 있을 것이다. 사람들의 반응, 콘텐츠의 부재 등 여러 상황에 따라 변수는 올 것이다. 그때는 소통하고 화해하라.

실외 신 촬영에서 유튜버가 해야 할 일

앞서 실내 신 스피치에서도 말했듯이 실외와 실내는 공간에 맞게 스피치를 해야 한다.

실내 신 촬영은 유튜버들이 주로 울림이 적은 자신만의 공간에서 촬영을 하고, 실외 신 촬영은 여행, 식당, 박물관 소개 등 등장하는 공간이 참 다양하다.

장성규의 '워크맨'은 유튜브 최고의 예능으로 손꼽히고 있다. 제2의 전현무라 불리는 아나운서 출신 방송인 장성규!

사실 그는 일전에 아나운서의 꿈을 갖고 아나운서를 선발하는 프로그램에 출연했지만 탈락을 하고 말았다. 9년 전에는 아나운서와 방송에 인연이 없던 그가 요즈음은 텔레비전에 자주 등장하고, 심지어는 자신을 탈락시켰던 방송국에서 라디오 DJ를 하고 있다. 연예대상의 신인상도 수상했다. 그의 끼는 유튜브 채널에서 빛을 발한다.

필자가 지도하는 모 대기업의 부장님은 하루의 피로를 유튜브를 보면서 푸는데, '워크맨'을 보다 보면 어느덧 새벽 3시가 되어 버린다고 너털웃음을 짓는다. 장성규의 매력에 푹 빠진 것이다.

'워크맨'의 촬영은 거의 야외에서 진행된다. 이 채널의 콘셉트는 일일 아르바이트 체험이다. 음식점, 놀이공원, 스키장 등 다양한 장소에서 그의 스피치는 빛을 발한다. 그의 스피치를 보면 공간의 쓰임을 잘 쓰면서 말하는 것을 볼 수 있다.

시끄러운 놀이공원에서의 촬영 장면을 보면 그의 스피치는 최대치를 올린다. 목소리의 크기가 실내 스튜디오에서 진행할 때보다 훨씬 크다. 목소리가 작아 고민인 사람들이 실외 신 촬영을 하고 싶을 때는 연설문 원고를 많이 읽어 보면 도움이 된다.

〈오바마 취임 연설〉

동료 시민 여러분, 저는 오늘 우리 앞에 놓여진 과제에 고개 숙이고 여러분이 보내 주신 신뢰에 감사드립니다. 저는 이 과도기에 줄곧 보여 주신 관대함과 협력은 물론이고 우리나라를 위해 봉사해 주신 부시 대통령께 감사드립니다.

지금껏 마흔네 명의 미국인들이 대통령 선서를 하였습니다. 선서의 말은 밀물 같은 번영과 잔잔한 물결 같은 평화 속에서 낭독되었습니다.

실외 촬영을 하는 장성규를 보면 일단 목소리가 상당히 크고 애드리브가 대단하다. 애드리브에 실패해도 기죽지 않고 다시 애드리브를 한다. 그래도 애드리브가 성공하지 않으면 능청스러움으로 방향 전환을 한다.

장성규는 일반적으로 생각하는 아나운서의 이미지가 아니다. 아나운서 시험에서 탈락한 것이 아나운서치고는 진중하지 못한 모습 때문이기도 했는데, 오히려 이런 그의 모습이 유튜브와 요즈음 방송 흐름에 잘 맞는 캐릭터인 것이다.

박준형의 '와썹맨' 채널도 이와 비슷하다. 콘텐츠가 매우 다양하고, 특정 장소를 정해 놓고 촬영하지 않는다. 실외 촬영이 대부분이다. 그의 특징은 의성어와 의태어를 많이 사용하고 표현을 과감하게 한다. 장성규와의 공통점은 목소리가 매우 크다는 것이다.

박준형은 오랜 기간 외국생활을 해서 한국말이 서툰 편이다. 하지만 서툰 자신의 스피치를 절대 부끄러워하지 않는다. 과감하게 더 들이댄다. 공간이 넓으면 넓을수록 목소리를 더 크게 하고, 사람이 많으면 많을수록 더 자신 있게 말한다.

장성규와 박준형, 이들은 야외 촬영이 자연스럽다. 사람들의 시선을 두려워하지 않는다. 물론 카메라 앞에 서 본 경험이 많기 때문이기도 하지만, 그렇다고 모든 방송인들이 그들처럼 말을 잘하는 건 아니다. 그들의 성향과 성격이 채널에서도 드러난다. 그들의 모습을 보면 원래부터 천성이 주목받기를 좋아하고 외향적인 편이라는 것을 알 수 있다.

소극적인 사람들은 실외 촬영을 매우 힘들어한다. 야외 촬영을 할 때 '지금 나를 쳐다보는 거 아닌가? 창피한데…' 이런 생각을 하는 경우가 많다.

특히 여행 유튜버들 중에는 해외 촬영은 뻔뻔하게 아주 잘하지만, 국내 촬영은 어려워하는 사람들이 있다.

해외 촬영은 자신을 아는 사람도 없고 외국인들도 자신에 대해 관심이 없다는 것을 잘 알기 때문에 구애받지 않고 촬영한다.

하지만 국내 여행을 촬영하는 모습을 보면 상황이 달라진다. 뻔뻔함은 온데간데없고 주위를 의식한다. '내가 영상을 찍는 것을 사람들이 이상하게 생각하는 게 아닐까?' '사람들이 쳐다보면 창피한데…'라는 생각으로 눈치를 보는 경우를 자주 본다. 그 이유는 사람들의 시선을 지나치게 의식하기 때문이다. 눈치는 보는 게 아니라 빨라야 한다. 다른 사람들의 시선을 신경 쓰지 말고 자신 있게 촬영하면 된다. 눈치를 보려거든 타인의 눈치를 보지 말고 자신의 눈치를 보아라. 스스로 당당해야 한다. 남을 신경 쓸 필요가 없다. 그들을 위해 인생을 사는 게 아니다. 당신의 인생을 사는 것이다.

남의 마음을 살피기 전에 자신의 마음을 먼저 살펴라. 타인의 눈치를 보면서 유튜브를 하면 스트레스를 받는다. 타인의 말과 행동에 일희일비하는 사람들은 다음과 같은 생각을 할 것이다.

'사람들이 좋아할까?'

'내 영상 싫어하는 사람이 '싫어요'를 누르면 어떡하지?'

'나랑 싸웠던 친구들이 내 영상을 보면 욕하겠지?'

'구독자가 없다고 수군거리는 거 아냐?'

타인의 시선에 신경 그만 쓰고 자신의 노출을 두려워하지 마라. 어느 곳에서든지 당당하게 자신의 스피치를 하자.

영상 촬영을 하다 보면 때로는 부정적인 말을 들을 수도 있다. 예를 들어, 면세점에서 뷰티 촬영을 할 때 "뷰티 유튜버가 별로 안 예쁘네"라든지 음식점에 가서 음식을 소개하는 데 식당아주머니가 "그렇게 맛없게 먹을 거야?"라는 식으로 당신을 당황스럽게 만들 수도 있다.

하지만 절대 위축되지 마라. 담대하게 생각하라. 당신을 좋게 봐 주지 않는 사람들의 멘트가 영상에 들어갔다 하더라도 우리에게는 편집이라는 기술이 있으니까 말이다.

▶ 실외 신 촬영에서 유튜버가 해야 할 일

① 콘텐츠 정리

‒ 내가 하고자 하는 콘텐츠가 정리되었다면 최종 점검을 한다.

② 모니터

‒ 내가 하고 싶어 하는 콘텐츠를 이미 하고 있는 다른 유튜버 분석하기

③ 촬영 장소 파악

‒ 사람이 붐비는 시간대가 언제인지, 낮에 찍을지 밤에 찍을지 등

④ 스피치 분석

‒ 앞에서 설명한 '유튜버의 캐릭터와 콘셉트 잡기'를 참조해라.
‒ 자신이 어떤 유형의 유튜버인지 확인하고 스피치 연습을 하자.

⑤ 실외 촬영

– 사람들이 많다고 부끄러워 하지 마라.

– 뻔뻔하게 촬영하자.

– 사람들의 시선을 의식하지 마라.

⑥ 많은 장면을 화면에 담기

– 거리가 먼 곳에서의 야외 촬영은 또다시 가서 촬영하기 힘들다.
  그러니 영상에 담을 내용을 많이 찍어 두는 것이 좋다.

⑦ 편집

– 자신이 직접 촬영한 영상은 누구보다 자신이 가장 잘 알기 때문에 편집은 직접 하려고 노력하고, 힘들다면 주위에 도움을 청하자.

⑧ 업로드

03 캐릭터 스피치

잘나가는 유튜버 캐릭터

캐릭터character는 특정 상표를 나타내고 긍정적 느낌을 갖도록 만든 가공의 인물이나 동물 등 시각적 상징물을 말한다.

캐릭터가 있다는 것은 다른 사람이 아닌 오직 그 사람이어야 한다는 것을 의미하기도 한다. 캐릭터가 있는 사람들은 상대에게 자신의 이야기를 잘 심어 줄 수 있고 오랫동안 기억에 남게 한다. 사랑받는 MC들도 자신들만의 캐릭터가 있다. 성격도, 스피치 스타일도 다르다. 다르기 때문에 고유의 매력으로 사랑받는 것이다. 분명 당신도 고유의 매력과 캐릭터가 있을 것이다. 각자의 캐릭터를 잡고 캐릭터에 맞게 스피치를 해야 한다.

유재석은 MC계의 1인자·겸손의 아이콘, 이경규는 호통개그의 창시

자, 강호동은 에너자이저 등 캐릭터가 있으면 사람들에게 나의 이미지를 더 구체화시켜 보여 줄 수 있다.

겸손의 아이콘인 유재석이 김구라의 직설화법을 사용한다면 전혀 어울리지 않을 것이다. 사람이 생김새가 다르듯이 스피치도 다르게 진행해야 한다. 자신을 잘 표현하고 어울리는 스피치를 하면 된다. 유튜버도 마찬가지다. 캐릭터가 필요하다.

지금 당신이 좋아하는 유튜버 한 명을 떠올려 보아라. 분명 떠오르는 캐릭터가 있을 것이다. 캐릭터가 있으면 당신의 색깔을 보여 주기 쉽다. 가령 당신의 이미지가 동물을 닮았다면 그것을 활용해도 좋다. 혹은 비유를 써도 좋다. 흔히들 "곰 같은 남편, 여우 같은 아내"라는 말이 있지만, 반대로 고정관념에서 벗어나 우리 집은 남편이 여우 같고 아내가 곰 같다면 그것을 캐릭터로 보여 주면 된다. "여우 같은 남편, 곰 같은 아내" 이런 식으로 말이다.

콘텐츠를 준비할 때 여우 같은 남편이 행동하는 모습과 곰 같이 수더분하게 행동하는 아내의 모습을 영상에 담는 것이다. 혹은 만약 군대에 가 있는 남자친구를 기다리는 콘셉트의 채널이라면, 고무신 모양의 머리핀을 장식하거나 군화와 관련된 캐릭터로 자신을 포장해서 영상을 촬영하면 된다. 많은 구독자들을 보유한 소위 뜨는 채널들은 어떤 캐릭터들이 있는지 확인해 보고 자신의 캐릭터를 찾아보자.

다음은 사람들에게 사랑받는 MC들의 캐릭터이다.

유명 MC들의 캐릭터

- **유재석** 1인자 · 겸손의 아이콘
- **신동엽** 깐죽거리지만 밉지 않은 캐릭터
- **이경규** 버럭 캐릭터
- **김구라** 직설화법, 사이다 발언
- **강호동** 에너지와 활력
- **장성규** 개그맨 같은 아나운서

위의 인물들은 캐릭터와 콘셉트가 모두 다르다는 것을 알 수 있다. 이들의 공통점은 어색하지 않다는 것이다. 일부러 캐릭터를 만들어서 억지로 하는 것이 아닌 본래의 모습을 보여 주고 있다. 이처럼 사랑받는 캐릭터는 인위적으로 만들지 않는다. 캐릭터를 잡을 때는 애초부터 자신과 다른 캐릭터를 인위적으로 만들지는 말자.

당신은 어떤 캐릭터인가? 평상시 자신의 모습이 어떤지 확인해 보자.

캐릭터가 있다는 것은 개성을 의미하기도 한다. 내가 가진 개성을 찾아야 한다. 캐릭터에는 성격이나 기질이 잘 드러난다. 연극이나 영화에 등장하는 인물들도 하나같이 캐릭터가 부여되어 있다. 이미지와 개성이 드러나며 분명한 색깔이 있다. 유튜버도 자신의 캐릭터를 사람들에게 많이 보여 줄수록 자신을 더 빛낼 수 있다.

캐릭터 잡는 방법

유튜버로 성공하려면 자신을 포장하고 알리고 어필해야 한다. 없는 것을 있다고 거짓말해서 만드는 것이 아니라 내가 갖고 있는 것을 예쁘게 포장하라는 것이다.

아래의 표를 보고 각각의 질문에 답을 적고 내가 원하는 캐릭터를 찾아보자.

▶ 내가 보는 나의 모습

　　－

　　－

　　－

▶ 가족이 보는 나의 모습

　　－

　　－

　　－

▶ 친구가 보는 나의 모습

　　－

　　－

　　－

▶ 내가 원하는 캐릭터

　　－

　　－

　　－

'내가 보는 나의 모습' '가족이 보는 나의 모습' '친구가 보는 나의 모습'이 비슷할 수도 있고 다를 수도 있다. 내가 보든 남이 보든 그렇게 보인다는 것은 당신 안에 그런 모습이 있다는 것이다. 가장 중요한 것은 '내가 원하는 캐릭터'이다.

앞서 자신의 콘셉트를 잡았다면 이제는 캐릭터를 구체화시키는 게 중요하다. 그래야 나를 사람들에게 제대로 각인시킬 수 있기 때문이다.

캐릭터가 있다는 것은 자신만의 독창성이 있다는 것을 의미하기도 한다. 캐릭터는 자신을 솔직하게 보여 줄 때 금방 발견하고 찾을 수 있다. 캐릭터가 없어 고민이라면 앞에서 제시한 방법을 활용하여 캐릭터를 구체화시켜 보길 바란다.

연기자들은 캐릭터 변신이 쉽다. 다양한 작품에서 다양한 모습을 보여 줄 수 있기 때문이다. 하지만 유튜버들은 한번 캐릭터가 구축되면 바꾸기 쉽지 않다. 엄청 발랄하던 사람이 갑자기 얌전하게 방송하거나 얌전하게 말하던 사람이 독설을 하면서 진행을 하면 당신의 영상을 보던 사람들은 굉장히 불편해한다.

당신은 방송인, 연기자, MC가 아니다. 연예인들은 콘셉트를 정해 놓고 작품과 진행하는 프로그램에 따라 변화가 가능하지만, 유튜버는 자신의 모습을 자연스럽게 노출시켜 구독자들을 만나는 것이기 때문에 처음의 이미지가 계속 굳어지고 남는다. 그래서 처음부터 자신의 캐릭터를 정확히 잡고 가는 게 중요하다. 캐릭터는 구독자들에게 당신의 이미지를 심어 주고 더 각인시킬 수가 있다. 자신을 잘 보여 줄 수 있는 캐릭터 설정을 해야 한다. 당신이 주요하게 다룰 콘텐츠와 어울리는지 생각하라.

자신의 캐릭터를 어느 정도 잡았다면 당신의 성격과 성향에 비슷한 인물들이 등장하는 작품(연극, 영화, 드라마, 유튜브, 책)을 많이 보는 것도 도움이 된다. 캐릭터를 살리는 데 도움을 준다. 외향적인 사람이라고 캐릭터가 모두 다 같지 않다. 내성적인 사람이라고 모든 캐릭터가 같은 것이 아니다. 캐릭터를 잡았다면 그에 맞는 스피치를 해야 한다.

사람의 캐릭터는 보여지는 모습과 들리는 소리가 함께 조화를 이루어야 한다. 보여지는 이미지는 당신의 외모, 들리는 이미지는 목소리이다. 신인 연기자들이 마냥 예쁘고 잘 생겼다고 바로 데뷔하지 않는다. 소속사에서 연기자와 충분한 논의를 통해 이미지 메이킹을 하고 콘셉트를 잡고 이미지를 만들어 나간다. 유튜버들도 채널 운영 전에 캐릭터를 잡도록 해라.

자신의 캐릭터를 돋보이기 위한 외적인 모습은 헤어스타일, 의상, 화장 등으로 만들 수 있다. 그 예가 전문가적인 느낌을 보여 주기 위해 하얀 가운을 입은 박사님 2명이 유튜브에 대해 알려 주는 '유튜브랩' 채널(구독자 수 11만 명)이다.

캐릭터를 만들었다면 구축하는 과정은 매우 쉽다. 자주 업로드해 주면 된다. 당신의 캐릭터 있는 모습을 자주 노출시켜 주어라. 자주 보다 보면 익숙해진다. 친하지 않던 사람도 자주 보면 정이 드는 것처럼 캐릭터 구축을 하려면 자주 업로드해 주면 된다.

당신의 캐릭터를 구축하려면 당신을 많이 노출시켜라. 유튜버로 활동하면서 캐릭터 구축이 된 후에는 당신의 최종 꿈을 깊게 생각해 보면 좋겠다. 내가 구축한 캐릭터가 나중에 내가 이루고자 하는 꿈에 다가갔을 때 어울릴지 생각해 보는 것이다.

필자가 지도했던 한 노무사님은 유튜브 운영을 계획하고 있다. 그가 유튜브를 운영하는 목적은 책 출간이다. 자신의 콘텐츠를 담은 책을 쓰기 위해 글로 기록을 남기는 것보다 유튜브를 활용하여 영상으로 남기는 것이 좋을 것 같다는 생각이 들었다고 한다. 자신의 전문 분야를 책속에 넣고 싶은 게 그의 목표이자 목적인 것이다. 그래서 그는 캐릭터를 작가 콘셉트로 잡고 진행할까 생각 중이다.

이처럼 캐릭터 스피치를 할 때는 유튜브의 방향성도 생각하며 준비해야 한다. 그래야 유튜버 활동을 하면서 더 발전적인 모습으로 성장할 수 있다.

04 남녀 스피치

남녀 유튜버 스피치

남자아이와 여자아이의 스피치 스타일은 다르다.

엄마와 남자아이의 대화

엄마 : 아들, 오늘 뭐했어?

아들 : 축구.

엄마 : 골 누가 넣었어?

아들 : 민수.

엄마 : 재밌었어?

아들 : 응.

엄마와 여자아이의 대화

엄마 : 오늘 뭐했어?

딸 : 유치원에서 미진이랑 줄넘기했어. 줄넘기했는데 미진이가 7개 하고
　　나는 5개 해서 내가 졌거든. 그래서 미진이랑 다음에 한번 더 하기
　　로 했어. 미진이 줄넘기는 핑크색인데 나는 그게 너무 갖고 싶어. 내
　　거는 노란 거잖아.

어릴 때부터 여자아이들은 스토리를 넣어서 이야기한다. 성인이 되어
부부가 쇼핑하러 갔을 때에도 남녀 대화에서 차이가 난다.

남편의 관점에서 답변

아내 : 이 옷 어때?

남편 : 예뻐.

아내의 관점에서 답변

남편 : 이 옷 어때?

아내 : 하늘색이 참 예쁘다. 집에 있는 바지랑 같이 입으면 예쁘겠어. 그
　　런데 관리하기 힘들지 않을까? 보푸라기가 날 것 같아.

아내가 남편에게 "어때?"라고 물으면 남자들은 단순히 "예뻐"라고만
말한다. 남편은 진짜 예뻐서 말한 건데 여자들은 "그게 다야?"라고 하
며 더 많은 말을 듣고 싶어 한다. 그런데 사실 남편은 그게 전부다. 예뻐
서 예쁘다고 한 것이다. 예쁘지 않았으면 "별로"라고 말했을 것이다.

반면에 남편이 옷을 살 때 아내에게 "어때?"라고 물으면 아내는 위의 예처럼 스토리텔링으로 말한다. 이것이 남자와 여자 대화 방식의 차이이다.

이렇게 남자들은 여자들에 비해 단답형으로 말하고, 여자들은 이야기를 할 때 스토리를 중시한다.

듣는 방법도 다르다. 일반적으로 여자들은 남자에 비해 말이 많고 섬세하다. 물건을 설명할 때도 남자들이 신경 쓰지 못한 부분에 대해 디테일하게 표현한다. 구조적으로 그렇게 남과 여는 다르게 태어난 것이다. 하지만 자신의 방식대로만 말을 하다 보면 친구, 연인, 부부 사이에서도 서로 오해를 하고 말다툼하는 경우가 생긴다.

남자들은 목적과 결론을 중시하는 스피치를 하고, 여자들은 관계 지향적이고 결론보다 과정을 중시하는 편이다. 그래서 여자들은 남편이나 남자친구에게 자신이 겪었던 힘든 일을 말하면서 그걸 그대로 들어주길 바라고, 남자들은 해결책을 주려고 해서 다툼이 일어난다.

남녀의 스피치 스타일이 다른 것을 알았다면 자신의 채널을 분석해야 한다. 자신의 채널을 구독하는 사람들이 남자가 많은지 여자가 많은지 알고서 진행하면 훨씬 더 효율적이다. 남자들의 채널인지 여자들의 채널인지 확인하면 자신의 매력을 더 어필하면서 말을 할 수 있다.

여성들이 주로 보는 채널이라면 친절함과 인간미를 보여 주는 것이 좋은데, 그러기 위해서는 꼭 스토리텔링을 해야 한다. 반면에 남자들이 주로 보는 채널이라면 사실 중심으로 길지 않게 말하는 것이 좋다.

다음의 예시를 통해 같은 내용을 여성 구독자가 많은 경우와 남성 구독자가 많은 경우 어떻게 풀어 나가는지 확인해 보자.

• 여성 구독자가 많은 채널의 경우

컬러는 아우라 글로우, 블랙, 화이트가 있습니다.

아우라 글로우는 기존 색상이 아니라서 신선하고 빛에 따라 조금씩 색깔이 달라집니다. 블랙은 명품에서 가장 기본 컬러죠? 굉장히 고급스러워 보입니다. 화이트는 간혹 금방 때가 탈지 않을까 걱정하는 분들이 계신데 요즈음은 다들 핸드폰에 케이스를 끼워서 사용하니 그런 걱정은 안 하셔도 됩니다.

구성품은 s펜 펜촉, 분리핀, 충전어댑터, usb케이블, usb커넥터, 케이스입니다.

그리고 기존의 s펜은 필기구의 기능만 했는데, 이번에 출시한 핸드폰의 가장 큰 기능 중 하나는 추가적으로 리모컨의 역할도 하는 것입니다. 사진 찍을 때 전방 후방 카메라 선택도 가능합니다. 굳이 짧은 손을 길게 뻗어서 어깨에 쥐 날 걱정은 안 하셔도 되고요. 동영상 볼 때 재생, 일시 정지, 음량 조절도 s펜으로 됩니다. 한마디로 리모컨 역할을 하는 것이죠. 굉장히 다양한 기능이 있답니다.

• 남성 구독자가 많은 채널의 경우

컬러는 아우라 글로우, 블랙, 화이트가 있습니다.

구성품은 s펜 펜촉, 분리핀, 충전어댑터, usb케이블, usb커넥터, 케이스입니다.

s펜은 리모컨과 필기구의 역할이 되고요. 사진 찍을 때 전방 후방 카메라 선택도 가능하고, 동영상 볼 때 재생, 일시 정지, 음량 조절도 s펜으로 됩니다.

여자는 설명보다는 설득을 하는 것이 좋고, 남자는 설득보다는 설명을 하는 것이 훨씬 좋다. 설명은 이성에 호소하고, 설득은 감성에 호소하는 것이다.

남과 여의 스피치에서 감성으로 더 다가가야 하는 스피치는 여성이 더 강하다. 감성으로 말할 때는 미소를 지어라. 특히 여성 구독자들이 많은 채널이라면 많이 웃어라.

의견을 전달할 때는 얼굴에 미소를 띠고 긍정적인 마인드로 목소리를 크게 해라. 여성들은 반응을 중시한다. 남자들에 비해 액션과 리액션이 탁월하고 좋아한다. 액션은 내가 말할 때 하는 행동을, 리액션은 다른 사람이 말을 했을 때의 반응을 말한다. 당신이 여자 유튜버이거나 당신의 채널을 주로 보는 대상이 여자라면 반드시 반응해 주어라.

리듬감도 중요하다. 춤이나 음악에만 리듬감이 있는 것이 아니다. 누가 어떻게 말을 하느냐에 따라 재미가 있고 없고, 흥미가 있는 스피치와 흥미 없는 스피치로 결정된다.

예를 들어 유튜버를 진행할 때 래퍼나 알앤비R&B 가수를 상상하며 말을 해 보자. 그들은 차렷 자세로 랩을 하거나 노래를 하지 않는다. 대표적으로 알앤비 가수 박정현을 생각해 보자.

굉장한 가창력의 소유자인 그녀는 노래를 부를 때 손으로 리듬을 탄다. 이런 모습을 상상하며 스피치를 연습하는 것이다. 스피치도 손짓을 하며 말하려고 노력해 보아라. 분명 말에 리듬감이 생길 것이다.

유튜브 구독자 타킷층이 여성이지만, 당신이 말이 없는 무뚝뚝한 남성이라면 이렇게 하는 것이 많이 힘들 것이다. 리듬감 있는 스피치는 한순간에 되지 않는다. 지속적으로 연습을 해야 어느 순간 나의 몸에 배어 자연스럽게 스피치를 할 수 있다. 그럼 리듬을 주면서 말하는 훈련을 해 보자. 스피치 할 때 리듬감을 주려면 최소한 한 문장에서 한 번 이상 강조를 하면 된다.

유튜버 / 김먹방입니다. (1번 강조)

오늘 / 저는 / 가족과 / 함께 / 엄청 / 큰 / 피자를 / 먹고 / 왔습니다. (3번 강조)

우리나라에서 / 가장 / 큰 / 피자라고 / 하는데요. (2번 강조)

제가 / 직접 / 먹어보겠습니다. (1번 강조)

위 문장을 힘주며 말해 보자, 자신이 강조하고 싶은 부분에 힘을 주면 되는 것이다. 그럼 리듬감이 생긴다. 최소한 한 문장에서 한 어절 이상 힘을 주어서 말해 보아라.

남자 구독자들이 많은 채널은 당당하고 자신감 있게 스피치를 해라. 남자 구독자들을 사로잡으려면 강호동처럼 파워 스피치를 하는 것도 좋다.

여자 구독자들은 우연히 채널을 돌리다 당신의 영상을 보고 마음에 들면 구독할 확률이 높지만, 그에 반해 남자 구독자들은 그렇지 않은 경우가 많다. 자기에게 도움이 되고 관심이 있어야 보는 것이다. 관심이 생기게 만들려면 당당하게 말해라. 또한 남자 구독자들이 많은 채널이라면 콘텐츠에도 신경을 써라. 남자 구독자들의 마음을 사로잡으려면 고지식하게 콘텐츠를 준비하지 말고 현명하게 기획하고 준비해야 한다.

내성적인 남녀 유튜버

필자는 종종 "저는 말이 없는 편이고 내성적인데 유튜버를 잘할 수 있을까요?"라는 질문을 받는다. 대답은 예스YES다.

취업에 실패했다면, 왕따를 당해 위축되어 있다면, 성격이 너무 소극적이라면, 앞으로 무엇을 해야 할지 모르겠다면 유튜브에 도전하라. 스타 유튜버 '백수골방'(구독자 수 38만 명)이나 액체괴물 만드는 아저씨 '츄팝'(구독자 수 353만 명) 등은 활발하기보다 오히려 차분하고 내성적인 편이다.

내성적인 성격이라 유튜버를 시작하는 것이 두렵다면 채널 개설 전에 먼저 사람들을 많이 만나고 그들과 교류하는 것을 추천한다. 다양한 사람들을 만나 사람과 스피치에 대한 두려움을 없애라.

요즈음은 모임들이 참 많다. 등산, 그림, 사진, 봉사 등 세상 사람들을 다 만나겠다는 생각으로 다양한 분야에서 활동하고 있는 사람들을 만나 보아라. 그러면 자신과 타인, 그리고 세상에 대해서도 알 수 있을 것이다.

사람을 만나다 보면 소통의 중요성을 알게 된다. 사람의 마음도 알게 되고, 소통하는 방법도 새롭게 배울 수 있다. 다양한 장소에 가서 다양한 사람을 만나며 대화를 하면 새로운 자신의 모습을 알게 될 수 있다.

평소 말이 없던 사람도 사람들을 만나면서 "나는 알고 보니 새로운 것들을 접하고 그것들을 누군가에게 알려 주는 걸 좋아하는 사람이구나"라는 의외의 발견을 할 수 있다. 세상은 넓고 아직 당신이 가 보지 못한 곳이 많다. 겁내지 말고 더 많이 부딪쳐라. 부딪칠수록 당신은 강해진다. 그러면서 당신을 채워 갈 수 있다.

소극적이고 내성적인 사람이라서 유튜버 도전하는 것이 겁난다면 먼저 당신을 채워라. 예전의 당신이라면 스피치에 대해 늘 마음이 불안하고 힘들었을 것이다. 하지만 다양한 사람을 만나고 소통하는 자신의 모습을 보면서 '열심히 살고 있구나. 잘하고 있구나'라고 스스로 다시 한번 칭찬을 해 줄 것이다.

유튜버를 꿈꾸는 사람들에게 "더 큰 세상이 당신을 기다리고 있다"고 말해 주고 싶다.

유튜브 활동을 하면서부터 꿈과 희망을 찾고 제2의 인생을 사는 'Korea Grandma' 박막례 할머니와 '그것을 알려드림'의 진용진, 그리고 세상에서 제일 행복한 암환자 '암환자 뽀삐'가 있다.

1947년생인 박막례 할머니는 늦은 나이에 유튜버에 도전해 지금은 유명인사가 되었다.

'그것을 알려드림'의 진용진은 과거 자신은 굉장히 위축되고 소심한 사람이었다고 한다. '그것을 알려드림'은 호기심이 있지만 실제로 사람들이 행하지 못하는 것들을 진용진이 대신 체험해 보고 알려 주는 것이다.

그의 주 구독자들은 남자들이다. 그가 만들어 내는 콘텐츠는 그렇게 대단한 것은 아니지만 사람들이 한번쯤 궁금해할 법한 것들을 실제로 실행해 보고, 그걸 영상에 담는다. 지금 현재 그의 구독자 수는 132만 명이다.

또 암에 걸렸지만 유튜버 활동을 하며 긍정의 힘으로 이겨 내고 있는 '암환자 뽀삐'가 있다. 그녀는 언제나 밝다. 그래서 "안녕하세요. 난소암 환자 뽀삐입니다"라고 자신 있게 외친다. 그녀의 채널 부제목은 '세상에서 가장 행복한 암 환자'이다.

그녀는 비록 난소암 진단을 받았지만 살아 있는 동안 더 즐겁게 사는 모습을 남기고 싶었다고 한다. 암 환자라고 하면 항암 치료로 인해 머리카락이 다 빠지고 힘이 없어 집에만 누워 있을 것 같지만, 그녀는 모든 암 환자가 꼭 그렇지만은 않다는 것을 보여 주고 싶었던 것이다. 그래서 그녀의 영상은 암과 싸우고 있는 사람이 맞나 싶을 정도로 유쾌하다. 자신과 비슷한 처지에 있는 사람들이 자신의 영상을 보고 '뽀삐를 알게 돼서 덜 힘들다'라는 댓글을 보면 기분이 좋다고 한다. 이런 유쾌함 덕분인지 채널을 개설한 지 이제 반년이 조금 지났을 뿐인데 벌써 구독자 수가 2만 6,000명을 넘어섰다.

이 세 사람의 공통점은 소극적이라서 힘들 거라고, 나는 못한다고 생각하는 것이 아니라, 늦지 않았다고 해 보겠다고 잘할 수 있다고 생각하고 유튜브를 시작했다는 것이다.

열심히 유튜브에 영상을 올리다 보니 구독자들의 사랑을 많이 받게 되었고, 구독자 수가 많아졌다. 또 동영상 체류 시간이 증가하면서 광고가 따라 붙고 수익도 생겼다.

유튜브를 시작하면 지레 '갈 길이 멀다'라고 생각하고 포기하고 싶을 때가 있을 수 있다. 그럴 때는 일이라 생각하지 말고 마음 가는 대로 해 보아라. 우리는 일이라고 생각하는 순간 의무감이 생기고 싫어하게 된다. 하지만 일이 아닌 내가 좋아서 하는 거라고 생각하면 마음이 바뀌게 된다.

유튜버가 되기로 결심했다면 나침반이 되어라. 당신이 흔들린다고 온전히 잡아 주는 사람은 없다. 당신 스스로 나침반이 되어야 한다.

여러 가지 콘텐츠를 담으면서 내가 진짜 좋아하는 게 무엇이고, 잘하는 게 무엇인지 알게 되고, 유튜버를 계기로 또 다른 일들이 꼬리에 꼬리를 물어 시작할 수도 있다. 자신의 삶을 스스로 이끌어 가라. 변할 수 있다. 당신도 사랑받는 유튜버가 될 수 있다.

05 구독자 대상에 따른 스피치

연령별 유튜버

유튜브는 이제 일상이 됐다. 출근 준비를 하는 시간부터 화장하는 시간, 식사 시간, 대중교통을 타고 회사에 이동하는 시간, 커피숍에 일찍 도착해 친구를 기다리는 시간, 그리고 잠들기 전까지 유튜브는 우리를 따라다닌다.

유튜브 시청자들의 연령층은 다양하다. 눈이 침침한 노령자들은 책을 읽는 것보다 동영상이 훨씬 편할 것이다. 아기들에게도 유튜브 동영상을 보여 주면 아기가 눈을 반짝거리면서 영상에 빠진다. 어린아이부터 노인까지 남녀노소 누구나 사랑하는 매체가 된 셈이다.

요즈음 10대들에게 장래희망을 물어보면 '유튜버'라고 말하는 비율이 50%를 넘는다고 한다. 그만큼 10대들은 유튜브에 빠져 있다.

청소년들이 유튜버가 되고 싶은 가장 큰 이유는 호기심이다. 즉 '나와 비슷한 평범한 친구들도 하네. 재밌겠다'라는 이유에서다. 아직 정체성이 확립되지 않은 10대들은 유튜버를 직업으로 삼겠다고 미리부터 생각하지 말고 취미로 경험 삼아 도전해 보는 것도 나쁘지 않다고 생각한다. 많은 구독자 수를 확보하게 되면 그때 가서 직업으로 삼아도 늦지 않다.

관심 있는 분야에 빠져 있는 자신의 모습을 영상에 담아 만들어 두면 나중에 대학 입시나 홍보용 자료로도 쓸 수도 있다. 포트폴리오를 따로 준비하지 않아도 나를 보여 줄 수 있는 것이다. 예를 들어 연기자나 가수를 하고 싶다면 오디션을 볼 때 유튜브 채널 주소를 링크해 보여 줘서 당신을 눈여겨보게 할 수도 있다.

20대의 유튜버들은 주로 브이로그를 많이 촬영한다. 브이로그는 자신의 일상을 촬영하는 동영상이다,

브이로그의 본질은 사람에 있다. '우리 주위의 평범한 사람들은 어떻게 일상을 지낼까?' 하는 생각에서부터 출발한다. 필자 주위에 있는 몇몇 사람들도 브이로그를 올린다. 그들 대부분은 직장인이다. 대체로 낮에 일을 마치고 나서야 밤에 편집을 해야 하는 경우가 많아 피곤할 법도 한데 힘든 내색 없이 즐겁게 열심히 한다.

브이로그의 소재는 맛집 탐방, 친구들과의 여행 등 매우 다양하다. 자신의 경험을 바탕으로 하고 싶은 것, 먹고 싶은 것들을 일기 쓰듯 영상으로 찍는 것이다.

브이로그는 일부러 자신의 모습을 연기할 필요가 없고, 직장이나 집 등 촬영 공간도 제한적이지 않다. 과장되지 않기 때문에 영상을 보는 사

람들도 가볍게 즐길 수 있다. 직업에도 제한이 없다.

브이로그는 자신의 일상을 노출시킨다. 브이로그가 사랑받는 이유는 자연스러움과 자유스러움에서 사람들이 대리만족을 느끼는 것 같다. 브이로그는 특히 '밀레니얼 세대Millennials'가 주로 애용한다. 필자와 같이 1982년부터 2000년 사이에 태어난 사람들을 가리키는 말로 주로 인터넷과 같은 정보통신 기술에 익숙한 20~30대를 지칭한다.

30대의 유튜버들은 미혼과 기혼으로 나뉘며, 또 직장과 육아 생활로 나뉜다.

직장을 다니는 사람들은 자신의 직업적 전문성을 나타낼 수 있는 것들 중심으로, 육아를 전업으로 하는 사람들은 아이들과 함께하는 육아 관련 영상을 올리는 경우가 많다. 또한 자신의 관심사를 콘텐츠로 잡기도 한다. 음식, 여행, 가전제품 리뷰 등등 다양하다.

40대의 유튜버들은 주로 자신이 정말 평상시 너무나 하고 싶었던 콘텐츠를 올리는 경우가 많다. 그동안 너무나 하고 싶었지만, 상황적인 여유가 안 되어 과거에 포기했었던 것들을 시작한다.

바쁜 일상에서 직장과 집만 드나들던 사람들이 40대가 되고 나면 생각이 많아진다. 그들은 유튜브를 개설할 때 수익을 생각하기보다는 혼자 놀이가 되고 즐길 만한 것들을 찾는 경우가 많다. 또는 자신의 일과 관련 지어 채널을 개설하는 경우도 있다. 자신이 잘하는 것과 좋아하는 것 둘 중 하나의 콘텐츠를 주로 가져간다. 아예 모르거나 이색적인 것을 콘텐츠로 삼는 것은 드물다.

50대 이상의 유튜버들은 건강과 노후에 대해 관심이 많다. 또한 인지도가 있는 전문가들도 채널을 많이 개설한다.

연령별 대표적인 유튜버

10~50대 이상의 대표적인 유튜버들은 다음과 같다.

① 10대 유튜버

- **조두팔** 19살로 솔직하고 활발하다. 그녀의 주된 콘텐츠는 메이크업이다. 내숭 떨지 않고 예쁜 척을 절대 하지 않는다.
- **이상한나라의 뀡유갱** 중학교 3학년생으로 매력적인 음색으로 노래하는 모습을 영상에 담는다.
- **짱대티비** 얼굴이 잘 생긴 훈남으로 누나 팬들이 많다.
- **유진** 미국에 거주하는 여고생으로 자신의 일상이나 메이크업, 패션 하울 등을 영상에 담는다.
- **굴러라 구르님** 뇌성마비 장애를 가진 여고생으로 장애인에 대한 인식이 바뀌길 바라는 마음에서 영상을 올리고 있다.

② 20대 유튜버

- **꽁양** 20대 초반으로 탁구코치이다. 탁구와 접목시킨 브이로그를 통해 일상을 보여 준다.
- **숏뚜** 23살로 자취하는 일상을 찍어 올린다. 처음부터 글로벌 구독자를 노리고 시작한 채널이라 목소리도 얼굴도 나오지 않으며, 대신에 평균 9개 외국어로 자막을 쓴다.
- **웨이랜드** 아이돌그룹 출신으로 자동차 리뷰부터 뷰티, 아이돌에 대한 궁금증을 풀어 주는 아이돌 Q&A, 일상을 담은 브이로

그 등을 올린다.

③ 30대 유튜버

- **이사배** 과거 분장사였던 전문성을 살려 메이크업 관련 콘텐츠를 올린다.
- **빠니보틀** 여행 유튜버로 무조건 여행이 좋다고 하지 않고, 그곳의 현실을 적나라하게 영상에 담는다.
- **가전주부** 아나운서 출신으로 '가전주부'라는 닉네임처럼 가전제품 리뷰를 올린다.

④ 40대 유튜버

- **대도서관** 유튜브를 아는 사람이라면 다 안다고 할 정도로 1세대 유튜버이다. 처음 시작은 게임 관련 방송이었지만, 지금은 게임뿐만 아니라 다양한 콘텐츠를 올린다.
- **보통아빠** 40대 아빠로 아들과 함께 맛집 탐방을 하거나 아이 교육에 대한 영상을 올린다.
- **시한책방** 북튜버이자 지식크리에이터로 지식과 정보를 쉽고 재미있게 전달한다. 간판 코너는 '읽은척책방'이다

⑤ 50대 유튜버

- **단희TV** 부동산 재테크 전문가로 부동산 관련된 영상을 올린다.
- **뽀따TV** 40대 이상의 중년 여성들을 위한 메이크업부터 패션,

건강까지 알려 준다.

- **박민수박사** 가정의학과 의사로 건강 관련 콘텐츠를 알기 쉽게 설명한다.

이상과 같이 필자가 연령대별로 유튜버들을 나뉘어 설명한 것은 '나와 비슷한 또래의 다른 사람들은 어떤 콘텐츠로 어떻게 성공했을까?'라고 궁금해하는 사람들이 분명 있을 것이기 때문이다. 자신은 어떤 콘텐츠로 접근할지 감이 잡힐 것이다.

이들의 공통점은 성실함과 꾸준함이다. 꾸준함과 성실함은 반드시 필요하다. 유튜브는 아무도 간섭하지 않는다. 내가 영상을 올리고 싶으면 올리면 된다. 강제성은 없다. 때문에 적은 비용으로도 얼마든지 가능하다. 때문에 의지가 약한 사람이거나 성실하지 않다면 금방 포기하게 될 것이다. 하루하루를 부지런하게 보내라. 경쟁자가 굉장히 많다. 누구나 다 할 수 있는 열려 있는 플랫폼이기 때문이다. 위에 열거한 다른 유튜버들을 보면서 트렌드를 읽는 안목도 가지길 바란다. 그리고 가장 중요한 것은 소통이다. 소통을 잘하기 위해서는 반드시 말이 빠질 수 없다. 스피치를 잘하면 구독자들과 쌍방향 소통을 잘할 수 있다. 구독자들과의 공감을 더 잘할 수 있는 것이다.

대화형 콘텐츠를 진행한다면 스피치를 잘해야 하는 건 더욱 당연한 것이다. 유튜버 활동을 하면서 '자신을 찾아가는 시간'을 가졌으면 좋겠다. 다양한 콘텐츠를 생각하게 되고, 색다른 경험을 하면서 많은 것들을 배울 수 있을 것이다.

PART 5

유튜버의
오프닝과 클로징

▶

공감과 동감의 스피치를 해라.

01 물음표

물음표 오프닝 기법

자신의 콘텐츠를 잘 전달하고 싶다면 오프닝 전개를 어떻게 할지 생각해 보라. 성공적인 유튜버가 되고 싶다면 오프닝에 신경을 써라. 오프닝에서 사람들을 집중하게 만들어 당신의 영상을 끝까지 보게 만들어라.

오프닝 기법은 5가지로 나눌 수 있다. 먼저 '물음표 오프닝'이다. 사람에게 첫인상이 중요하듯이 유튜버도 첫 느낌이 매우 중요하다. 당신의 색깔을 바로 보여 줄 수 있고 이미지를 각인시킬 수 있기 때문이다. 그래서 영상 초반에 사람들의 관심을 끌어야 한다. 오프닝에서 물음을 활용하면 사람들의 관심을 끌 수 있다.

영상을 보는 사람들은 당신의 채널에 처음부터 관심 있던 사람일 수도 있지만, 우연히 영상을 보게 된 후 당신 채널에 호기심이 생겨 구독자가 된 경우도 있다. 사람들의 호감을 사서 내가 올린 영상에 집중하고 관심 갖게 만들어야 한다. 관심 없던 내용을 당신의 영상을 보고 난 후 관심 갖게 해라.

'물음표 오프닝'을 사용하면 그것이 가능하다. 오프닝에서 사람들에게 물어보고, 본론에서 설명, 클로징으로 마무리를 하는 것이다.

'물음표 오프닝'을 할 때는 본론에서 진행되는 주요 내용을 예고한다는 식으로 암시를 해야 한다. 본론으로 들어가기 전 물음으로 시작하는 것이다. 다음의 예시를 살펴보자.

책 리뷰 유튜버인 경우

여러분은 언제 가장 행복하세요? 돈을 많이 벌 때요? 연인과 데이트할 때요? 아니면 맛있는 음식을 먹을 때요? 사람에 따라 행복의 기준은 다르지만 저는 책을 읽을 때 큰 행복을 느낍니다. 오늘 제가 소개해 드릴 책은 『행복한 청소부』라는 책입니다.

'물음표 오프닝' 기법은 즉, 활용할 때 질문을 하는 것이다. '물음표 오프닝' 기법에서 실수하는 것 중 하나는 호흡이다. 물어본 뒤 바로 답하는 실수를 범한다. 질문을 한다는 것은 누군가 대답을 할 거라는 가정하에 묻는 것이다. 질문을 한다는 것은 대답을 들을 준비를 하는 것이다. 카메라를 보고 질문을 하기 때문에 실제로 옆에서 누가 답변을 해주지는 않는다. 하지만 누군가 대답을 했을 거라는 가정하에 '물음표 오프닝'을 활용해야 한다.

물음으로 오프닝을 할 때 호흡을 생각하며 묻는 것과 묻지 않는 것은 큰 차이가 있다.

여러분은 언제 가장 행복하세요? (쉬고) 돈을 많이 벌 때요? (쉬고) 연인과 데이트할 때요? (쉬고) 아니면 맛있는 음식을 먹을 때요? (쉬고) 사람에 따라 행복의 기준은 다르지만 저는 책을 읽을 때 큰 행복을 느낍니다. 오늘 제가 소개해 드릴 책은 『행복한 청소부』라는 책입니다.

물음으로 오프닝을 시작하면 영상을 보는 사람들에게 호기심을 자극할 수 있다. 평소 소극적이었던 사람들이 '물음표 오프닝' 기법을 활용하기란 어렵다. 답정남, 답정녀이거나 고정관념이 강한 사람 역시 마찬가지다. 카메라까지 앞에 있으면 이들에게는 더욱더 어렵게 느껴질 것이다.

하지만 방법은 있다. 이런 유형의 사람들이 '물음표 오프닝' 기법을 사용하고 싶다면 일상에서 호기심을 가져 보자. 호기심을 갖고 궁금한 점들이 있을 때 참지 말고 사람들에게 자주 물어보는 것이다.

예를 들어 예전에는 약속 장소를 가다가 도중에 그곳을 찾기 힘들면 보통 혼자서 스마트폰으로 검색을 했을 것이다. 이제는 길을 지나가는 사람에게 "제가 지금 ○○빌딩을 가려는데 어떻게 가는지 아세요?"라고 물어보아라.

길은 인터넷 검색을 통해 얼마든지 찾을 수 있지만, 당신의 목적은 길을 찾는 게 아니다. '물음표 오프닝' 연습을 하는 것이다.

오프닝에서는 의상이나 메이크업, 촬영 장소도 중요하지만, 말투도 매우 중요하다. 아성으로 '물음표 오프닝'을 하면 호감을 살 수 없고, 매력을 보여 줄 수도 없다. (아성을 고치는 것은 앞서 설명한 '유튜버의 목소리' 부분을 보고 연습하면 된다.)

말투는 상냥하고 자신감 있게 긍정적인 에너지를 갖고 말해야 한다. 오프닝은 무거운 주제가 아닌 이상 무조건 밝게 가라. 여기에 진정성과 인간미까지 보여 주면 더 좋다. 내가 왜 이 영상을 찍는지, 왜 사람들이 영상을 봐야 하는지 생각하면서 진정성 있고 인간미 있게 물음을 활용해라.

영상을 보는 사람들을 호칭할 때 "우리" "여러분" "함께" 등 '당신과 내가 하나다!'라는 생각이 드는 말들을 반복적으로 하거나, 애칭으로 불러도 좋다. 필자가 운영하는 채널에서는 구독자들을 '우리 보물들'이라고 부른다.

신유아의 보물찾기! 이 세상 진정한 보물은 누구? 여러분입니다. 오늘은 우리 보물들과 함께 '나의 꿈'이라는 주제로 스피치를 해 보겠습니다.

'물음표 오프닝'을 활용할 때는 나와 채널을 보는 사람들의 공감대를 형성해서 묻는 것도 좋다.

우리 여성분들 요즈음 관심사가 뭐예요? 겨울 지나 여름이 되니까 옷도 얇아지고 다이어트도 걱정되지 않나요? 저도 그렇거든요. 그래서 오늘 저는 여러분들께 2주일에 3킬로그램을 빼는 방법을 알려 드리려고 합니다.

오프닝에서 물음을 활용할 때는 단순히 묻기만 하지 말고 비언어적인 면도 함께 활용해 보자. 입으로만 묻지 말고 제스처를 적극적으로 하고, 아이 콘택트도 신경 쓰자.

물음표 클로징 기법

마무리를 할 때도 '물음표 클로징'을 사용하면 사람들에게 생각할 수 있는 여지를 준다. 결론을 시청자들이 생각할 수 있도록 하는 것이다.

물음을 자신만의 캐릭터나 장치로 활용해도 좋다. 이야기를 하다 중간중간 독자들에게 "이해하세요?" "어떻게 생각하세요?"처럼 물어보며 자신의 이야기를 잘 듣고 있는지 확인하는 것이다.

커피의 종류가 정말 다양합니다. 오늘은 커피에 대해 알아봤는데 '어떠셨나요?'
아메리카노의 유래, 제가 말했던 거 '기억하시나요?'
카페라테도 굉장히 매력 있는 커피라고 제가 이야기했어요. '기억나시죠?'

국민MC 유재석은 질문을 많이 하는 스피커 중 한 명이다. 개그우먼 박미선은 "재석이는 웃길 거 다 웃기면서도 게스트 모두에게 질문을 나눠 준다"라고 말한 적이 있다. 그가 게스트에게 질문을 한다는 것은 다른 사람들의 생각을 듣고 눈높이에 맞춰 진행하려는 의지가 있는 것이며, 그 누구도 소외되지 않게 하려는 의도이다. 개개인 모두가 진가를 발휘할 수 있도록 기를 살려 주고 배려를 하는 것이다. 말만 잘하는 것이 기술이 아니다. 타인의 마음까지 어루만지려는 노력 또한 중요하다.

유재석에게는 타인에게 질문을 하면서 그 의견에도 귀 기울이는 모습이 있다. 그것은 상대방으로 하여금 '나를 배려하고 있구나'라는 생각이 들게 한다.

이처럼 유튜브 촬영에서도 질문을 한다는 것은 사람들과 교감하려는 모습을 보인다는 것을 뜻한다. 즉 그들의 의견을 받아들이고 공감하려는 노력을 보이는 것이다. 그리고 물음은 참여를 유도한다. 혼자 하는 방송이 아닌 함께한다는 생각이 들게 한다. 자기 말만 하려는 사람은 절대 질문을 안 한다.

그리고 질문을 할 때는 여유 있게 휴지pause와 호흡에 신경 쓰자. 당신이 왜 질문을 하는지 영상을 보는 사람들에게 생각할 시간을 주는 것이 중요하다.

질문을 활용하면 인간미를 보여 줄 수도 있다. 질문을 했을 때 열린 관점에서 생각할 수 있는 기회를 제공하기 때문에 '물음표 클로징' 기법은 긍정적인 효과가 있다. 특히 라이브 방송을 할 때 이 물음의 방식이 매우 효율적이다. 라이브 방송은 실시간으로 당신에게 묻는다. 당신이 답변을 해 주기도 하지만, 반대로 구독자들에게 의견을 물을 수도 있다.

물음을 활용하기 좋은 채널은 연애, 심리, 고민 등 상담에 관련된 콘텐츠들이다. 이런 콘텐츠들은 누군가 질문을 하고, 거기에 대한 해결책을 제시한다.

극히 사적이면서 현실적인 질문들과 대답들을 통해 채널 운영자와 구독자 간의 쌍방향 커뮤니케이션이 이루어질 수 있다.

클로징에서 물음을 던질 때 두려워할 필요가 없다. 영상은 영상일 뿐 실제로 대답하는 사람은 없다. 카메라 울렁증이 있는 사람들은 카메라가 촬영되는 순간부터 긴장한다. 이런 부분은 지속적으로 자신을 카메라에 노출시키면 얼마든지 개선 가능하다. 자신의 채널이 얼마나 멋져질지, 자신의 유튜브 영상을 얼마나 많은 사람이 볼지, 또 영상을 찍을수록 발전되는 당신의 스피치 실력을 기대해도 좋다.

'물음표 클로징' 기법은 간단한 클로징 기법 중 하나이며, 채널 운영자의 여유 있는 모습을 보여 주기도 한다.

유튜브 클로징에서 물음을 활용할 때는 연설이나 웅변처럼 외치며 말하는 것은 지양하자. 사람들로 하여금 불쾌감을 유발하거나 강한 거부감을 느끼게 할 수도 있기 때문이다.

02 느낌표

느낌표 오프닝 기법

오프닝이 중요한 이유는 사람들이 '왜 당신의 영상을 봐야 하는지' 이해시키는 가장 중요한 과정 중 하나이기 때문이다. 영화 예고편을 보고 나서 영화를 볼지 말지 결정하는 것처럼 내 채널이 보고 들을 만한 가치가 있다는 것을 각인시키는 과정 중 하나가 바로 오프닝인 것이다. 그래서 오프닝에서는 본격적인 내용으로 넘어가기 전에 '내가 지금 전할 내용을 기대하세요'라는 암시를 해 준다.

'물음표 오프닝'이 말 그대로 물음으로 시작한다면 '느낌표 오프닝'은 강조, 감탄, 강한 느낌을 전하고 싶을 때 주로 활용한다.

- **기쁨, 슬픔, 놀람 등 나타낼 때**

  예) 와! 진짜 예쁘다!

- **강한 느낌 전달**

  예) 네가 안 했지!

- **물음, 항의**

  예) 네가 그랬잖아!

- **대답, 감정**

  예) 응!

- **다급한 상황에서 부를 때**

  예) 야! 늦었어. 빨리 와!

'느낌표 오프닝'은 유튜버가 전문성이 있고 콘텐츠에 자신이 있을 때 활용하면 효과가 배가 된다. 당당하고 자신감 있는 모습에 공신력을 갖고 있다면 더 매력을 느낄 것이다.

'물음표 오프닝'이 호기심 자극이라면 '느낌표 오프닝' 기법은 강한 느낌을 전달할 수 있는 기법이다. 청중들이 감탄할 만한 소재, 신기한 소재를 선택해 감탄사를 연발하며 오프닝을 하는 것도 이에 해당된다.

안녕하세요? 꽃을 사랑하는 여자! 유튜버 ○○○입니다.

02 느낌표

지금 제 앞에 화분이 있는데요. 이 꽃은 일반 꽃과 다릅니다!

이 화분에는 큰 비밀이 숨어 있습니다! 지금부터 공개합니다!

자신의 우월성을 오프닝에서 보여 주어 사람들에게 어필하고 싶을 때 '느낌표 오프닝'을 활용해 보자. 사람들의 시선을 당신에게 집중시켜 계속 영상에 머무르게 할 수가 있다. 궁금해하고 기대하게 된다.

'느낌표 오프닝' 기법도 '물음표 오프닝' 기법과 마찬가지로 호흡과 휴지가 중요하다. 왜 호흡과 휴지가 중요한지 다음의 예시를 통해 확인해 보자.

① 휴지와 호흡을 주지 않고 계속해서 말로 다그치는 아내

"왜 이렇게 늦었어? 나만 애 키워? 같이해야지!

나만 일하고 애 보고! 나는 안 쉬고 싶은 줄 알아? 전화 연락은 해 줘야 걱정을 안 하지! 언제까지 이럴 거야?"

② 말은 많이 안 하고, 휴지를 주며 말하는 아내

"늦었네! (휴지) 자! (휴지) 나도 내일 늦어!"

①과 ② 중 어떤 말이 더 강력하다고 생각 드는가?

말을 많이 하는 것이 중요한 게 아니다. 설득을 시키고 내 의견을 잘 표현하려면 휴지가 중요하다. ②처럼 말이다. 하지만 휴지를 너무 길게 하면 사람들은 지루함을 느낀다. 휴지 활용을 잘하면 약이 되지만, 너무 길게 하면 독이 되는 것이다.

유튜브 영상 촬영 시 휴지가 너무 길어지면 "소리가 안 나오네? 내 핸드폰이 고장 난 건가?"라는 착각을 구독자들에게 줄 수도 있으니 너무 긴 휴지와 침묵은 지양해라.

느낌표 클로징 기법

오프닝이 첫 인상이라면 클로징은 마지막 인상을 말한다. 그래서 마무리를 잘하는 것도 매우 중요하다. 마무리까지 멘트를 잘하면 다음에 올라올 영상에 대해 기대심을 갖게 되고 빨리 보고 싶어지게 만들 수 있다.

깔끔한 마무리를 하고 싶을 때는 '느낌표 클로징' 기법이 안성맞춤이다.

'느낌표 클로징'을 할 때는 본론에서 말했던 내용들을 깔끔하게 정리해서 말하자. 정리가 되지 않은 채 말하면 앞서 말했던 내용들이 한번에 다 무너지고 만다.

'느낌표 클로징' 멘트는 길게 할 필요가 없다. 말했던 내용들을 요약해 준다거나 요점만 간추려 말해 주면 된다. 멘트가 너무 길어지면 "뭐야? 했던 말 또 하는 거야?" "왜 두 번 말하지?" 하면서 당신의 영상에 대해 불편함을 느낄 수가 있다. 때문에 클로징에서 정리할 때는 장황하게 하지 말고 간결하게 말하자.

'느낌표 클로징' 기법을 활용하면 당당함과 리더십을 동시에 보여 줄 수 있다. 그래서 강한 인상을 남기고 싶을 때 사용하는 기법이기도 하다.

하지만 영상을 업로드할 때마다 항상 '느낌표 클로징'만을 활용하면 너무 강한 사람이라는 이미지를 보여 주게 된다.

강한 캐릭터로 유튜브 활동을 하려는 사람들은 '느낌표 클로징'을 자주 사용해도 되지만, 부드러운 캐릭터의 유튜버들은 '느낌표 클로징'을 '물음표 클로징'과 함께 사용할 것을 추천한다.

'느낌표 클로징' 기법을 활용할 때는 영상을 보는 사람들과 당신이 동등하다는 생각으로 영상을 촬영해야 한다. 자신의 지식을 함께 공유한다는 생각으로 임해라.

네, 지금까지 해바라기에 대해 말해 보았는데요! 앞서 말한 내용을 다시 정리해 보겠습니다!

첫째, 아무데서나 자라지만, 특히 양지바른 곳에서 잘 자란다!
둘째, 잎자루가 길다!
셋째, 줄기 속을 약재로 이용하기도 한다!

오늘은 이렇게 해서 해바라기에 대해 공부를 해 보았습니다!
꽃! 꽃의 아름다움! 꽃의 미학! 앞으로 제 채널에서 세상의 모든 꽃에 대한 지식!
제가 계속해서 알려 드리겠습니다! 구독! 좋아요! 알림 설정!

'느낌표 오프닝, 클로징' 기법도 '물음표 오프닝, 클로징' 기법과 마찬가지로 아성으로 말하지 말자.

아성은 아이들이 "엄마~~~ 사 줘어~~~ 빨리이~~~~." 이렇게 말을

늘리는 걸 말한다. 성인이 되어서도 "안녕하세요오~~~~ 반갑습니다아
~~" 이렇게 말하면 듣기에 좋을까?

　아성으로 말하면 가벼워 보인다. 아성이 있다면 뒤에서 설명할 '이야
기 오프닝과 클로징'이 적합하다. 아성은 아이들뿐만 아니라 성인들한
테서도 흔하게 나타난다.

● 아성으로 말한 느낌표 클로징의 잘못된 예

네에, 지금까지이~~~ 해바라기에 대해 말해 보았는데요오~~~!
앞서 말한 내용으을~~~ 다시 정리해 보겠습니다아~~~!

첫째에, 아무데서나 자라지마안~~~ 특히 양지바른 곳에서어~~~ 잘 자
란다아~~~!
둘째에, 잎자루가 길다아~~~!
셋째에, 줄기 속을 약재로오 이용하기도 한다아~~~!

오늘은 이렇게 해서어 해바라기에 대해 공부를 해보았습니다아~~~!
꽃! 꽃의 아름다우움! 꽃의 미학! 앞으로 제 채널에서어 세상의 온갖 꽃
에 대한 지식!
제가 계속해서 알려드리겠습니다아! 구도옥~~~! 좋아요오~~~! 알리임
설저엉~~~!

　구독자층이 아이들이거나 가벼운 내용의 컨텐츠는 아성을 활용하는
게 어울릴 수도 있지만, 사람들에게 신뢰를 주기는 어렵다. '느낌표 클로

징'을 활용하려면 아성을 고치는 것이 우선이다. 아성을 고치려면 먼저 신경 써야 하는 것은 복식호흡이다. 앞서 설명한 '복식호흡'과 '스타카토 훈련'을 열심히 해 고치기 바란다.

'느낌표 클로징' 기법을 활용하기 좋은 유튜버 유형은 이성형 유튜버이다. 이성형 유튜버들은 사실 중심으로 내용을 전달하는 편이기에 절도 있게 말하는 '느낌표 클로징'이 잘 어울린다.

클로징 멘트를 할 때는 자신과 어울리는 방법을 찾는 게 중요하다. 오프닝과 클로징 기법 5가지 중에서도 유독 자신에게 편안하게 진행되는 기법들이 있을 것이다.

5가지 오프닝과 클로징 기법들 모두 촬영해 보고 자신과 어울리고 진행하기에도 편한 기법을 찾아 활용해 보거나 콘텐츠에 맞게 적용해 보아라.

03 이야기

이야기 오프닝 기법

모든 오프닝 기법에서는 아이스 브레이크icebreaker(어색함을 누그러뜨리기 위한 말)를 하는 게 좋다. 당신이 준비한 내용을 갑자기 전달하는 것이 아니라 오프닝에서 한 주의 이슈나 공감대를 형성하기 위해 여는 멘트인 셈이다.

먼저 오픈된 마인드로 아이스 브레이크를 시작해라. 아이스 브레이크는 이야기를 통해서 전달한다. 나의 이야기도 좋고 타인의 이야기도 좋다. 흥미를 유발하는 소재로 오프닝을 시작하는 것이다. 단, 내가 전하고자 하는 영상 내용과 관련이 있어야 한다.

유튜버가 오프닝에서 이야기를 하면 시선을 사로잡을 수 있다. 예를 들어, 남자 뷰티 유튜버가 오프닝에서 "오늘 제가 압구정에서 조인성을 봤어요. 키가 진짜 크구요, 자기관리를 잘했더라구요~ (중략) 그래서 오늘은 제가 조인성처럼 자기관리 잘하는 방법을 이야기해 볼게요"라고 하면서 이야기를 전달함과 동시에 내 콘텐츠를 접목시켜서 말하는 것이다.

소재는 무궁무진하다. 이야기를 오프닝으로 활용하고자 하는 사람들은 주변 사물이나 현상을 예사로 넘기지 마라. 사람들에게 들었던 재미있는 이야기나 특이한 경험을 한 귀로 흘리지 말고 메모해라.

그리고 그것을 되도록 사실적이고 자세하게 이야기하자. 영상을 보는 사람들에게 생생하게 이야기를 전달할 수 있다.

다음의 질문을 통해 나의 이야기를 만들어 보자.

▶ 나의 이야기 만들기

- 지금까지 살면서 가장 큰 일탈은 뭔가요?
- 최대한의 노력을 해서 최선의 결과를 얻은 적이 있나요?
- 다시 태어난다면 어떤 일을 하고 싶나요?
- 인생 최고의 경험은 무엇인가요?
- 리더십이란 무엇이라고 생각하나요?

이야기를 할 때는 의성어, 의태어, 형용사, 동사를 강조하면서 말하거나 약간의 과장을 하면 이야기가 더 흥미로워진다.

이야기가 재미있는 이유는 내가 직접 경험해 보지는 못했지만 타인의 이야기를 들으면서 대리만족을 할 수도 있고 상상해 볼 수도 있기 때문이다.

이야기는 단편적이지 않다. 많은 소재들이 있다. 이야기를 함으로써 다양한 시각으로 의미를 부여하거나 해석할 수도 있다. 이야기의 매력은 다채롭다.

발성과 발음이 불분명하면 재미있는 이야기도 재미없게 들린다. 그러므로 발성과 발음에 신경 쓰자. 그리고 이야기를 할 때는 사람들에게 설명조로 말하기보다 전달한다는 느낌으로 편하게 말해라. 대표적으로 '이야기 오프닝' 기법이 자주 활용되는 예는 브이로그 영상이다.

브이로그 영상을 보면 유튜버가 인위적이지 않고 편안하게 전달한다. '이야기 오프닝' 기법을 잘 활용하고 싶다면 일상에서 이야기를 생활화하는 것도 하나의 방법이다. 이야기를 잘하고 싶다면 일상에서 많이 이야기를 하려고 해야 한다.

과거의 당신이 사람들과 대화할 때 청자의 입장이었다면 지금부터는 화자의 입장이 되어야 한다. 만약 야외에서 방송을 진행할 경우 이야기를 더 실감나게 하고 싶다면 사람들 속으로 들어가 접촉하는 것도 하나의 방법이다. 마치 연예 정보 프로그램에서 인터뷰를 할 때 리포터가 사람들이 많이 있는 공간에 있다가 갑자기 튀어나와 이야기를 시작하는 것처럼 말이다. 사람들 속에서 등장하면서 '이야기 오프닝'을 하면 시선을 집중시킬 수 있다.

'이야기 오프닝'에 자신이 생기면 공간을 자유자재로 활용하면서 말을 할 때 내용을 훨씬 더 재미있고 생생하게 전달할 수 있다.

요즈음 대학 교수들도 유튜브를 많이 한다. 그런데 자신이 현재 학교에서 강의하고 있는 주제임에도 그것을 유튜브 영상으로 찍으면 다소 자연스럽지 못하다는 평가들이 많다. 그 이유는 강의를 할 때는 학생들에게 설명을 하는데, 유튜브 촬영은 설명보다는 사람들과 소통하고 공감하는 게 중요하기 때문이다.

유튜브를 보는 사람들은 어려운 걸 좋아하지 않는다. 쉬운 것을 좋아하고, 영상을 보다가도 재미없거나 관심 없는 내용이 나오면 중간을 건너뛰고 다음 영상으로 넘어간다.

그래서 강의할 때처럼 정보를 전달하는 설명 위주로만 하면 안 된다. 강의를 할 때 학생들이 이해를 못하면 소리가 커지기도 하고, 반복 설명도 하고, 곤란한 질문을 하면 학생들의 반응도 있지만, 유튜브 영상은 바로 반응이 오지 않는다. 영상을 올리고 난 후 조회 수나 댓글을 보고 나서야 비로소 구독자들의 반응을 알 수 있다.

TV에 자주 출연하는 유명한 ○○교수님은 유튜브 채널을 운영 중에 있다. 텔레비전에서 볼 때는 말을 굉장히 잘한다고 생각했는데, 그가 진행하는 유튜브 방송을 보고 필자는 너무나 실망했다. 정말 지루했기 때문이다. 또한 그가 진행하는 북토크Book Talk에도 간 적이 있는데, 한번 더 실망했다. 독자들과 전혀 소통하지 못하는 모습을 보였기 때문이다. 그러다 보니 사람들은 하나둘 흥미가 떨어지는 모습들을 보이고, 몇몇은 강연 도중 나가기도 하였다. 소통의 부재이다.

학문을 머리로 배운 지식인들은 가슴으로 소통해야 하는 유튜버가 어려울 수 있다. 사회적으로 인지도 있고 나이가 지긋한 전문가들은 카메라가 앞에 있으면 의외로 무서워하는 경우가 많다. 전문 지식인, 학자들은 말하는 경우보다 연구하고 분석하는 경우가 많아서 그런 것 같기도 하다.

교수들을 대상으로 스피치 교육을 지도하다 보면 그들은 머리로만 이해하려는 경향이 크다. 스피치는 지식이 아닌 지혜로 말해야 한다. 스피치를 지식으로 머리에 숙지하고 기억하는 건 공식대로만 말하려는 격이다.

스피치는 머리로 하는 것이 아니라 가슴으로 하는 것이다. 가슴으로 말해야 설득이 되고 사람의 마음을 얻을 수 있는 것이다. '이야기 오프닝'을 할 때도 가슴으로 해야 한다.

이야기 클로징 기법

이야기를 잘하는 사람들의 공통점은 자신만 생각하지 않고 상대방의 입장에서 생각을 많이 한다는 것이다. 또한 굉장히 열정적이다. 그리고 이야기를 재미있게 하는 사람들은 이야기를 생동감 있게 끌고 나간다. 이야기를 할 때는 쉽게 해야 한다. 일반적으로 듣기 어려운 사자성어나 인용 문구를 쓴다면 유튜브를 보는 사람들은 거부감을 느낀다.

특히 클로징은 앞서 말한 내용들을 정리하는 단계이므로 가볍게 전해야 한다. 이때 구독자들이 쉽게 이해할 수 있도록 전달하는 게 중요하다. 말을 잘하는 사람들은 어렵게 말하지 않고 어려운 내용도 상대방이 잘 알아듣게 말한다.

이야기를 잘하려면 행동 교정이 우선되어야 한다. 이야기를 할 때의 모습을 촬영해서 모니터해 보면 평소의 스피치 습관이 보인다. 고개가 수시로 돌아가거나 눈을 똑바로 쳐다보지 못하거나 바닥만 응시하거나 얼굴 표정이 굳어 있거나 입꼬리가 올라가는 등 좋지 못한 습관들을 한눈에 확인할 수 있다. 그래서 영상을 유튜브에 바로 업로드하지 말고 반드시 리허설을 해 볼 것을 권한다.

평상시에는 말을 재미있게 잘하다가도 막상 카메라가 켜진 상태에서 이야기를 하려면 머리가 백지장처럼 하얘져서 꿀 먹은 벙어리가 되는 사람도 있다. 내용을 다 잊어버리는 것이다. 한마디로 두뇌 회로가 고장 나는 것이다.

그러지 않기 위해서는 영상 촬영에 들어가기 전에 먼저 하고 싶은 말들을 글로 적고 머릿속에서 정리해라. 그리고 그렇게 만든 스크립터를 보면서 해 보아라.

이런 식으로 연습을 하다 보면 점점 '내가 조금씩 변화하고 있구나' '나의 좋지 않은 습관들이 긍정적으로 바뀌고 있구나'라는 생각이 들 것이며, 이야기를 할 때 스스로 편해지는 것을 느낄 것이다. 어색했던 표정은 부드러워지고 굳었던 손동작은 유해지며 말의 빠르기도 적당하게, 그리고 자신의 목소리 톤도 잡혀 가는 것을 알 수 있다. 그러면 저절로 자신감이 생긴다. 자신감이 생기면 말의 강약 조절도 할 수 있다.

사람들은 당신이 스크립터를 보면서 말하든, 보지 않고 말하든 별로 신경 쓰지 않는다. 단지 이야기를 자연스럽고 매끄럽게 하면 된다. 재미있고 흥미를 유발하면 되는 것이다.

'이야기 클로징' 기법은 본론과 자연스럽게 이어지는 느낌이 중요하다.

그리고 '이야기 클로징'은 소재를 많이 모아야 한다. 다양한 소재를 모으려면 책만 한 것이 없다. 다양한 분야의 책을 읽으면서 이야기들을 하나둘씩 머릿속에 정리하고 쌓아 두는 것이다. 독서는 편식하지 마라. 관심 있는 분야만이 아닌 다양한 분야에서 정보를 습득하자.

재미있는 이야기라면 몸짓과 표정, 호흡을 적극적으로 활용하자. 무서운 이야기는 호흡을 길고 낮은 톤으로 해야 하며, 여행 이야기를 할 때는 톤을 높여 즐겁고 유쾌하게 말하는 것이 좋다. 작가들에게도 이야기는 참 중요하다. 요즈음은 작가들이 책만 집필하는 게 아니다. 북 콘서트를 통해 독자들과 만남도 갖고 강연도 하고 유튜브로 소통을 하기도 한다.

그런데 강연 도중에 돌발 상황이 생길 경우가 종종 있다. 청중들이 예상치 못한 질문을 하거나 강연 도중 갑자기 자료가 열리지 않거나 준비한 동영상이 작동이 안 될 수도 있다. 강연 전에 분명히 다 확인했다고 생각했는데, 이런 상황이 오면 당황하지 않을 수 없다. 이때 말로써 위기 상황을 넘기지 못하면 작가 스스로 주눅이 들어 준비한 만큼의 강연을 하지 못할 때도 있다. 이럴 때를 대비해 '이야기'를 많이 준비해 놓으면 분위기를 오히려 더 좋게 바꿀 수도 있다. 그래서 그들에게도 스피치 교육이 필요하다. 글을 쓰는 게 스피치를 잘하는 것과는 또 다르기 때문이다.

마지막으로 '이야기 클로징'을 할 때는 시청자들에게 감동을 주거나 용기를 북돋워 주면 훨씬 좋다. 콘텐츠가 어떤 것이든 당신이 사람들에게 많은 영감을 주고 선한 영향력을 주는 사람이면 좋지 않겠는가?

04 좌우명

좌우명 오프닝 기법

오프닝에서 좌우명이나 명언을 인용하는 방법도 있다. 콘텐츠와 어울리는 명언이나 속담, 좌우명, 고사성어 등을 오프닝에서 활용하는 것이다. 어려운 말을 길게 하기보다 쉽고 가슴에 와닿는 말로 간결하게 전하는 것이 '좌우명 오프닝' 기법이다. 오프닝에서 좌우명이나 명언을 활용하면 함축된 말로 내용을 잘 전달할 수 있다.

'좌우명 오프닝' 기법은 이성형의 유튜버보다는 감성형의 유튜버들이 활용하는 게 더 효과적이다. 명언, 좌우명 등 사람의 가슴을 파고드는 말을 감성형 유튜버들이 더 잘 소화할 수 있기 때문이다.

좌우명을 활용할 때는 긍정적인 생각을 심어 주는 글귀들이 좋다. 그리고 좌우명이나 명언을 활용하려면 이야기 오프닝 소재를 준비할 때와 마찬가지로 평상시 메모를 해 두는 습관을 갖자. 요즈음은 굳이 노트와 펜이 없더라도 핸드폰만 있으면 언제든지 메모가 가능하다. 필자가 지도했던 안전컨설팅 전문가 김한기 님은 스피치 교육을 받을 때마다 메모를 정말 열심히 했다. 그는 필자가 강의 시간에 전한 말들을 거의 놓치지 않고 메모를 해 두었다. 김한기 님이 중학교 때부터 지금까지 메모한 것을 노트 분량으로 합치면 대략 870권 정도 된다고 한다. 정말 대단하다. 그는 메모를 할 때도 업무, 교육, 회의 수첩으로 나누어서 정리를 한다고 한다. 필자도 그 못지않은 메모광이다.

많은 사람들이 "원장님은 원래부터 말을 잘했어요?"라고 묻곤 하는데, 결론적으로 말하자면 필자는 어려서부터 말을 잘했다기보다 말하는 것을 좋아했다. 가끔 '말하기를 좋아하기 때문에 말을 잘하게 된 것이 아닐까?'라고 생각하곤 한다.

필자는 어린 시절 혼자서 구연동화를 하거나 책 읽는 것을 정말 좋아했고, 초등학교 때부터는 웅변대회나 말하기 대회에 나가 상을 곧잘 받아오곤 했다. 동화책을 읽어도 눈으로 읽지 않고 입으로 소리 내어 읽었다. 예를 들면 동화 『백설공주』에 등장하는 인물, 즉 백설공주, 왕자, 계모, 난장이 등 다양한 역할에 맞춰 목소리를 바꿔 가며 책을 읽었다. 중고등학교 시절에도 자주 국어책을 소리 내어 읽었다. 또 라디오에 사연을 보내 전화 인터뷰를 하게 되면 말을 잘한다고 운동화, 문화상품권 등 선물을 한가득 받아오기도 했다.

읽기를 하면 어휘력이 늘고 말하기가 늘 수밖에 없다. 그러면서 메모하는 습관도 저절로 생겼다. 책을 읽을 때 기억하고 싶은 부분은 메모를 했다. 그래서 메모 노트는 내 귀중한 보물이다.

강의를 할 때나 방송을 할 때 또는 다른 사람들과 대화를 할 때 내가 그간에 적어 놓은 글을 보면서 활용하기도 한다. 필자는 일기를 매일 매일 쓴다.

메모가 내가 알게 된 새로운 정보와 영감이라고 한다면, 일기는 하루를 반성하고 내일의 계획을 세우는 자료이다. 메모, 일기 모두 다 기록이다. 이런 기록들 안에는 필자가 감동받았던 영화 대사나 좌우명, 명언이 곳곳에 숨어 있다. 그래서 필자 또한 '좌우명 오프닝' 기법을 유튜브에서 종종 활용하곤 한다. 노트를 준비해서 메모하기가 힘들면 핸드폰에 남겨도 좋다. 가장 좋은 것은 핸드폰과 노트에 모두 메모를 하는 것이다.

'좌우명 오프닝'을 잘하는 데 메모는 많은 도움을 준다. 평소 메모하는 습관을 들여 좌우명과 명언을 활용하여 오프닝을 해 보고, 벤자민 프랭클린과 셰익스피어 명언을 토대로 오프닝에 적용해 보아라.

벤자민 프랭클린 명언

- 오늘 할 수 있는 일을 내일로 미루지 마라.
- 부富가 늘어나는 사람은 걱정도 늘어난다.
- 믿음을 통해 보는 방법은 이성의 눈을 닫는 것이다.
- 기운과 끈기는 모든 것을 이겨 낸다.
- 당신은 지체할 수 있지만 시간은 그러하지 않을 것이다.
- 20대에는 의지, 30대에는 기지, 40대에는 판단이 지배한다.
- 사랑받고 싶다면 사랑하라. 그리고 사랑스럽게 행동해라.

- 치유는 신이 하고, 값은 의사가 받는다.
- 경험은 소중한 스승이지만, 바보는 경험해도 배우지 못한다.
- 긴 인생은 충분히 좋지 않을 수도 있다. 그러나 좋은 인생은 충분히 길다.

윌리엄 셰익스피어 명언

- 자기 자식을 알면 현명한 아버지이다.
- 우리의 몸은 정원이요, 우리의 의지는 정원사다.
- 인내하지 못하는 자는 얼마나 불행한가? 천천히 아물지 않는 상처가 어디 있단 말인가?
- 인생은 백치가 지껄이는 이야기와 같다. 시끄럽고 정신없으나 아무 뜻도 없다.
- 진실한 사람들의 결혼에 장해를 용납하지 않으리라. 변화가 생길 때 변하는 사랑은 사랑이 아니로다.
- 만약 매일매일이 휴일과 같다면 노는 것도 일하는 것만큼이나 지루할 것이다.
- 원래 좋고 나쁜 것은 다 생각하기 나름이다.
- 용기의 핵심 부분은 신중함이다.
- 정직만큼 풍요로운 유산은 없다.
- 인생은 같은 얘기를 또 듣는 것과 같이 나른한 사람의 흐릿한 귀를 거슬리게 한다.

좌우명 클로징 기법

클로징 멘트에서 중요한 건 "내가 내용을 전달했으니 잘 기억해"라는 의미를 남기는 것이다. 그래서 좌우명이나 명언을 활용해서 클로징을 할 때는 기억에 남게 말하되 지루하게 말하면 안 된다.

기억에 남게 말을 하려면 리듬감 있게 말해야 한다. 말에 리듬감이 있으면 메시지를 사람들에게 가슴 깊이 잘 전달할 수 있도록 도와준다. 그리고 임팩트 있게 말할 수 있다. 리듬감 없이 평조로 전달하면 사람들은 지루하다는 느낌을 받기 때문이다. 지루하게 말할 거라면 아예 '좌우명 클로징'을 하지 마라. '좌우명 클로징'을 하는 의미가 없다.

클로징에서 좌우명이나 명언을 활용할 때 힘들어하는 것 중 하나는 멋지고 거창하게 마무리하자는 생각이다. '오프닝과 본론까지 잘 이야기했으니 이제 클로징만 완벽하게 하면 되네!'라고 생각하는 순간 호흡이 뜨고 긴장하게 된다. 또 내용 숙지가 제대로 안 된 상태에서도 좌우명이나 명언만 멋있게 외워 영상을 촬영하게 되면 NG를 많이 낸다. NG가 자주 나면 위축되고 의기소침해지고 자신감을 잃어 표정도 굳어진다.

필자에게 사람들이 "기상캐스터, 리포터, MC, 쇼핑호스트, 아나운서, 개그맨을 어떻게 다 합격할 수 있었어요?"라고 물어보면 "잘하려고 애쓰지 않고 나를 보여 줬어요"라고 자신 있게 말한다.

필자는 스스로를 유쾌하고 밝고 가식 없고 흥이 많은 사람이라고 생각한다. 그래서 오디션이나 공채 시험을 볼 때 있는 그대로 나를 보여 주었다. 방송사 공채 시험과 다수의 오디션에서 합격할 수 있었던 이유는 완벽하게 해야 한다는 마음을 버리고 '척'을 하지 않았기 때문이다.

필자는 지금도 방송을 하면서 대본에 얽매이지 않고 느낌에 따라 원고를 나에게 맞게 소화한다. 대본대로 하지 않고 나를 보여 주니 PD와 감독, 작가들이 더 좋아한다. 필자가 MC로 진행하는 요리 프로그램도 마찬가지이다. 카메라가 앞에 있다고, 음식을 예쁘게 먹지 않는다. 음식을 먹고 난 후 맛을 표현할 때도 솔직하게 표현한다.

'척'을 버려라. 유튜브는 가식적인 모습을 보여 주는 공간이 아니다. 많은 사람들에게 사랑을 받는 유튜버들은 공통적으로 솔직함이 있다.

공중파 방송이 심의가 엄격한 것에 비해 유튜브는 정형화되지 않은 날것의 느낌이다. 나 자신을 오픈하면 오픈할수록 구독자들이 굉장히 좋아한다. 꾸미지 말고 자신을 보여 주어라.

일전에 모 대기업에서 강의를 한 적이 있었는데, 강의가 끝난 후 질의 응답을 받는 와중에 "개그맨 출신이신데 모창이나 성대모사 한번 해 주세요"라는 요청을 받았다. 이에 필자가 특징을 살려 모창을 했더니 사람들이 무척이나 좋아했다. 그로 인해 분위기가 더욱 좋아져서 즉석에서 요청받아 시간을 연장해 더 강의 진행을 했던 적도 있다.

'좌우명 클로징'을 활용할 때도 마찬가지다. 유튜버는 사실적이고 인간적인 모습이 최고다. 좌우명, 명언을 잘 활용하는 대표적인 방송인은 김제동이다. '김제동 어록'이라는 말도 있을 정도이니 말이다. 당신도 좌우명과 명언 활용을 잘하면 어록을 만들 수 있다.

김제동의 명언

결혼반지를 네 번째 손가락에 끼는 의미를 알고 계십니까?
여러분, 한번 해 보세요. 손가락을 하나씩 펼 때, 네 번째 손가락만
제대로 펴지지 않습니다. 결국 네 번째 손가락만 '홀로 서기'를 못한
다는 거죠. 그래서 함께 의지하며 살아갈 사람을 찾았을 때, 네 번
째 손가락에 반지를 끼는 거라고 합니다.
여러분, '나 혼자 너무 편한 것이 아니라, 조금 불편하더라도 우리'
이렇게 생각하는 것이 진정한 사랑 아닐까요?

05 반복

반복 오프닝 기법

유튜브는 쌍방향이다. 나 혼자 말하고 끝나는 것이 아니라 구독자와 함께하는 것이다. 긍정적이고 생기 있는 당신의 모습을 오프닝에서 드러내야 한다. 그렇게 되면 구독자들은 당신의 마음을 느끼게 되고 공유하게 된다.

당신의 이야기를 신뢰하게 만들어야 한다. 아무리 영상의 질이 뛰어나도 사람들이 그 영상을 보지 않으면 그건 실패다. 구독자가 있어야 하고, 당신의 영상이 좋다면 많은 사람들이 그 영상을 공유할 것이고, 공유를 통해 당신의 채널을 더 알릴 수 있다. 그것은 바로 오프닝에서 판가름 난다. 이처럼 오프닝은 매우 중요하다. 오프닝에서 활용할 수 있는 마지막 기법은 '반복 오프닝' 기법이다.

'반복 오프닝' 기법은 2가지로 나누어서 볼 수 있다. 첫 번째는 말할 때 반복적인 스피치, 두 번째는 반복적인 연습을 말한다.

첫 번째 반복적인 스피치를 설명하자면, 흔히들 반복은 사람들이 강조를 하고 싶을 때, 자신의 느낌을 두 배로 전달하고 싶을 때 많이 활용한다. '반복 오프닝' 기법을 활용하면 그 표현을 최대치로 전할 수 있다. "정말, 정말 좋다" "그건 진짜 진짜 아닌 것 같은데"처럼 말이다.

두 번째 반복 연습은 촬영 반복의 의미이기도 하다. 영상을 반복적으로 촬영하다 보면 카메라에 대한 두려움이 극복된다. 카메라 앞에 섰을 때 긴장되어 전하고 싶은 말을 잘 전하지 못할 때 반복 촬영과 반복 연습은 필수다. 자신감이 부족하고 발음과 발성이 힘든 사람도 얼마든지 반복 연습을 통해 개선 가능하다. 영상에 대한 두려움이 있다면 반복적으로 영상을 찍어 연습을 해 보고 오프닝에서 '반복 스피치' 기법으로 말을 하는 것도 좋은 방법 중의 하나이다. 오프닝에서 반복 기법을 활용하면 흥미롭게 내용을 이어 갈 수 있다. 다음의 예시를 살펴보자.

오늘은 <u>최고</u>! 아주 <u>최고</u>로 우리나라에서 요리 하면 빼놓을 수 없는 분을 모셨습니다. 이 분! <u>정말</u>, <u>정말</u> 너무 너무 바쁘셔서 모시기 힘들었습니다. ○○○ 셰프님이십니다.

오프닝에서 약간의 과장과 함께 반복 기법을 활용하면 사람들은 기대를 하게 된다. 우리 주위에 보면 표현력이 좋은 사람들을 종종 볼 수 있다. 이런 사람들은 워낙 표현력이 좋기 때문에 반복 기법을 오프닝에서 활용하면 잘 어울린다. 대표적인 유튜버로 '이라이라경' 채널(구독자 수 58만 명)의 이라경이나 '양팡YangPang' 채널의 양팡이 있다. 그녀들은 표현력이 좋고 솔직담백하다.

이라경은 사람들의 주목을 받기 좋아하는 유튜버이다. 방송국 노래자랑대회에 출연한 적도 있고, TV 시트콤에서 아역배우로 활동하기도 했다. 본인의 독특한 말투와 과장된 표현이 그녀의 무기이다.

양팡 또한 유튜브에서 '좋으면 좋다. 싫으면 싫다'는 식의 과장된 말투와 표현을 확실히 한다. 리액션과 액션도 크다.

앞서 말한 유튜버들처럼 소위 주위에서 "웃기다"라는 말을 좀 들었거나 표현력이 좋다고 생각하는 사람들은 반복 기법을 활용해서 오프닝을 만들어 보아라. 반복 기법을 활용하기로 마음먹었다면 일상에 적용해야 한다.

언젠가 일간지 기자를 교육시킨 적이 있었다. 그는 회사에서 동영상 콘텐츠 활용을 점점 더 많이 하게 되는데 스피치를 배우지 않으면 경쟁에서 밀리겠다는 생각이 들어 스피치 교육을 신청하였다고 하였다. 기자가 글만 잘 쓰면 안 되고 영상으로 보여 주는 시대이기 때문에 말도 잘해야 된다고 생각했던 것이다. 또 그는 카메라 울렁증도 있고, 남들 앞에서 말을 잘 못하다 보니 연습해 봐야겠다는 생각이 들어서 학원 문을 두드리게 된 이유도 있었다.

첫 수업 때 그가 어느 정도의 스피치를 구사하고 있는지 확인을 해 보았더니, 전체적으로 말이 빠르고 표현력이 부족했다. 말이 빠르다 보니 발음이 꼬여 전달이 안 되는 부분도 많았다. 그래서 그 기자에게 '반복 기법'을 연습시켰다. "안녕하세요? ○○○입니다. 오늘은 제가 아무도 모르는 특종! 특종 기사를 소개합니다"라고 말하면서 반복 기법을 활용하도록 한 것이었다.

반복 기법은 강조가 잘된다. 반복 단어는 강약 조절을 하며 강조하는 게 좋다. '특종'이라는 말을 할 때 앞에 첫 번째에 나온 특종은 중간 정도의 톤으로, 두 번째 특종은 강한 톤으로 말하는 것이다. 강조를 하면서 말하면 표현이 좋아진다. 여자들에 비해 표현력이 부족한 남자들은 이런 훈련을 많이 하는 게 좋다.

또 평소 말을 할 때 웅얼거리는 사람들도 반복 기법이 좋다. 그 이유는 말을 웅얼거리지 않으려면 입 모양을 크게 하고 힘을 주어야 하는데, 반복 기법을 하다 보면 저절로 입 모양이 커지면서 동시에 소리가 커지고 전달력도 풍성해지기 때문이다.

반복 기법은 유튜브 촬영에서 뿐만 아니라 일상에서도 효과를 크게 볼 수 있다. 표현력이 생기기 때문에 같은 말을 해도 생생하게 전달할 수 있다.

반복 기법을 활용하면 자신도 모르게 액션과 리액션이 나온다. 당신의 이야기를 듣는 사람들은 자신의 이야기에 호응을 잘 해 주는 당신의 매력에 빠질 것이다.

또한 반복 기법으로 오프닝을 하고 싶다면 시를 많이 읽어 보아라. 시는 함축된 문장으로 표현을 극대화시킨다. 시를 읽게 되면 생각을 하게 되고, 여러 가지 감정들을 느껴 감성 훈련도 함께할 수 있게 된다. 그리고 시는 특유의 서정적인 아름다움을 갖고 있다. 연과 행 안에서 느껴지는 감성적인 단어들의 표현력도 알 수 있다. 시를 읽을 때 느끼는 운율을 느껴 보아라. 반복 오프닝 기법을 하는 데 도움을 준다.

반복 오프닝 기법을 하는 데 또 도움을 주는 것이 음악을 즐겨 듣거

나 악기를 배우는 것이다. 음악이나 악기 연주는 음률이 있고 리듬이
있다. 그런 상황에 많이 노출을 시키면 나도 모르게 리듬이 생기고 말을
할 때도 표현력이 생긴다.

반복 클로징 기법

반복 기법을 활용하면 좋은 콘텐츠는 운동이나 예체능, 먹방 등이
있다.

▶ 운동

오늘도 여러분들과 다이어트에 대한 고민 함께 나누어 봤습니다.
다이어트 왜 하세요? 왜 하시는 거예요? 왜 합니까?
건강하고 예뻐지기 위해 하는 거 아니에요? 앞으로 여러분들이 더
욱더 많이 많이 예뻐질 수 있도록 다양한 콘텐츠 준비할게요~~.

▶ 먹방

오늘은 샌프란시스코에서 유명한 스테이크를 소개해 드렸는데요~
다시 한번 먹어 볼게요. 와~ 우와~ 이야~ 예술입니다.
육즙이 입안으로 줄줄줄~ 주루룩~ 촤아악~ 들어옵니다. 샌프란
시스코에 가면 꼭 드셔 보세요.

반복 클로징은 강조의 느낌을 주기 때문에 표현력에 힘써야 한다. 표
현력이란 생각, 느낌 등을 언어나 몸짓 따위의 형상으로 드러내는 능력

을 말한다. 당신에게 표현의 힘이 있을 때 사람들은 당신을 좋아하고 당신의 채널을 구독하게 된다. 그러므로 반복 클로징을 할 때는 비언어적인 부분을 적극적으로 활용하자.

반복 클로징은 목소리가 좋은 사람들이 하면 큰 호응을 얻을 수 있다. 영화배우 이병헌이나 가수 성시경처럼 좋은 목소리로 "여러분, 구독, 구독, 좋아요, 좋아요. 아시죠?" 이렇게 말하면 얼마나 여심女心을 사로잡겠는가? 좋은 목소리는 들으면 들을수록 좋다.

아이들을 양육하고 있는 주부 유튜버들이나 아빠들이 집에서 자주 할 수 있는 훈련은 아이에게 동화책을 많이 읽어 주는 것이다. 동화책은 상냥하게 읽어야 하며, 표현과 반복들이 많이 나오기 때문이다. "옛날 옛날에~" 이런 식으로 말이다.

동화책을 아이들에게 많이 읽어 주면 본인에게는 스피치 연습이 되고, 아이들에게는 정서 함양과 상상력 훈련, 그리고 언어 발달에 도움이 된다. 정확한 발성과 발음으로 책을 읽어 주는 엄마 아빠의 목소리를 듣다 보면 자기도 모르게 그런 환경에 노출되어 말도 잘하게 되고 발음도 좋아질 확률이 높다.

또 반복 클로징를 하려면 생각을 잘 정리해서 말해야 한다. 정리가 되지 않은 상태에서 말하면 같은 말만 반복하다 흐지부지 마무리될 수도 있다.

필자가 리포터로 활동할 때 인터뷰했던 모 연예인은 이해할 수 없는 말들을 반복적으로 되풀이해서 도무지 무슨 말인지 알 수가 없었다. 그래서 PD들이 편집할 때 많이 힘들어했다. 이처럼 반복 클로징을 할 때는 생각이 잘 정리되어야 마무리를 잘할 수 있다.

반복 클로징 기법을 활용하고 싶다면 홈쇼핑을 많이 모니터해라. 그들은 가격을 말할 때 반복적으로 말한다. "3만 9,900원! 주문 전화 주세요, 3만 9,900원입니다! 3만 9,900원이면 정말 저렴한 겁니다!"라면서 말이다. 홈쇼핑 모니터 후에는 쇼핑호스트가 되어 혼자서 집에 있는 물건을 재미 삼아 팔아 보아라. 순발력 향상에도 도움을 준다.

유튜버에게 스피치는 매우 중요하다. 일대일이건 일대 다자 대화에서건 자신이 생각한 내용을 잘 전달하는 유일한 통로가 스피치 커뮤니케이션 기술이다. 학교와 사회가 이러한 기술을 알려 주지 않는다. 자신이 배우고 고치기로 생각했다면 스스로 단련하고 준비하고 능력을 키워야 한다.

말은 평생 연습해야 한다. 우리나라 사람들이 영어를 못한다고 할 때 문법 위주로 배워서 그렇다는 말을 많이 하는데 중요한 것은 스피치, 스피킹이다. 외국 정치인들은 연설할 때 대본 없이 충분히 잘 전달하는 경우가 많은 반면, 국내 정치인이나 고위 관리들은 원고 읽기에 급급한 경우가 다반사이다.

스피치를 잘하면 표현을 잘하게 되어 상대방 마음에 크게 와닿게 말할 수 있다.

사람들은 저마다 다른 매력들을 가지고 있다. 그래서 비슷한 콘텐츠를 하는 유튜버들도 소재는 같다 하더라도 전달하는 방식은 모두 다 다르다.

유튜버를 하기로 마음먹었다면 커뮤니케이션에 능한 사람이 될 수 있도록 노력하자.

구독자들의 마음을 모르겠다고 어렵다고 생각하지 말고 앞에서 제시한 내용들을 바탕으로 훈련을 하면 커뮤니케이션에 능한 사람으로 바뀔 수 있다. 커뮤니케이션에 능한 유튜버가 되면 사람들은 당신을 긍정적으로 보고 조화로운 관계를 맺어 나갈 수 있다.

'물음표' '느낌표' '이야기' '좌우명' '반복' 총 5가지의 오프닝과 클로징 기법은 각각의 장점이 있으니 5가지를 모두 활용해 보고, 자신과 잘 어울리는 오프닝과 클로징을 찾아 영상 촬영 시 활용해 보길 바란다.

유튜버의 '말'에 대한
고민을 한 방에 날려버리다

요즈음 간혹 2G 폰을 쓰는 사람들을 본다. 대부분의 사람들은 4G나 5G 폰을 쓰므로 문자 대신 카카오톡을 하지만, 2G 폰을 사용하는 사람에게는 문자를 하거나 전화를 해야 한다. 당사자는 불편함이 없을 수도 있겠지만, 단체 사진이나 공지사항을 전송할 때 발신자는 굉장히 번거롭다.

요즈음은 종이신문의 수요도 적어지고 있고 점점 영상으로 정보를 얻는 추세이다. 시대의 흐름을 따라 신문사와 방송사도 유튜브 채널을 개설해 운영 중인 곳들이 많다.

회사원들은 명함이 있다. 학생들은 학생증이 있다. 모두 자신의 신분을 나타내는 것들이다. 필자는 앞으로 유튜브가 자신을 나타내는 새로운 명함이 되리라 확신한다. '유튜브 세상'이라고 해도 과언이 아닐 정도로 유튜브에 대한 열기는 대단하다. 당신을 온전히 보여 줄 수 있는 것, 그것이 바로 유튜버이다.

시중 서점에는 이미 유튜브 채널에서 크리에이터로 성공하는 방법, 유튜브로 돈 버는 방법, 성공적인 유튜브 채널 운영에 대한 책들이 많이 나와 있다. 하지만 유튜버들이 말을 어떻게 해야 하는지에 대해 자세히 알려 주는 책은 없는 것으로 알고 있다.

그래서 필자는 유튜버를 희망하거나, 현재 유튜버로 활동을 하고 있지만 말에 대한 자신감이 없는 사람, 또한 자신의 채널 구독자가 적은 것이 콘텐츠가 아닌 말 때문이 아닌지 고민하는 사람들을 위해서 이 책을 집필하게 되었다.

이 책은 유튜브 채널 개설 방법이나 콘텐츠에 대해 기술한 책이 아니다. 이 책은 유튜버들이 효과적으로 시청자들에게 말을 잘 전달할 수 있도록 해 주는 '말하기' 책이다.

유튜버로 활동하기로 마음먹었다면 자신의 말을 잘 전달해야 한다. 당신의 말을 통해 사람들과 교감이 이루어지고, 이로 인해 구독자가 늘어나 더욱더 많은 사람들이 당신의 영상을 보는 것이다. 메라비언의 법칙The Law of Mehrabian이라는 것이 있다.

이 법칙은 상대방으로부터 받는 이미지는 시각이 55%, 청각이 38%, 언어가 7%에 이른다는 법칙이다.

결국 상대에게 전달될 때 내용은 7%로 굉장히 미미하다는 것이다. 나머지 비언어적인 측면이 93%를 차지한다. 다시 말하면 당신이 유튜브에 올릴 내용이나 콘텐츠는 단지 7%만 중요할 뿐, 나머지는 당신이 어떻게 말하느냐에 따라 구독자의 증감에 영향을 준다는 것이다. 『유튜브 스피치』가 93%를 어떻게 해야 하는지 도와줄 것이다.

사람에게는 평생에 기회가 3번 주어진다고 한다. 그런데 그 3번의 기회 중 하나가 모든 사람에게 열려 있는 유튜브라고 필자는 생각한다.

말하기 부끄럽고 창피하고 자신 없다고 마음만 먹고 안 하는 사람이 있는가 하면, 마음조차 먹지 않는 사람도 있다. 그래서 유튜버 하기를 포기한다면 인생에서 1번의 기회를 놓치는 것이다. 앞으로의 인생은 아무도 모른다. 유튜버로 성공해서 많은 곳에서 연락을 받는 스타가 될지, 재미로 올린 영상 덕분에 갑자기 구독자가 많아질지 말이다. 그래서 인생은 재미있는 것이고 유튜브가 재미있는 것이다.

전적으로 유튜버의 삶을 살라는 것이 아니다. 얼마든지 다른 직업을 갖고서도 쉽게 유튜브를 운영할 수가 있다. 부담 갖지 말고 시작해라. 그런데 이왕 시작했으면 잘하자는 것이다. 그러기 위해서는 당신의 채널이 돋보이도록 말과 행동을 멋지게 보여 주자는 것이 이 책의 목적이다.

유튜버로 활동하기로 결심하고 말에 대한 고민이 있다면 배워라. 모든 것들은 변화를 해야 한다. 변화하려면 무엇이든 배우고자 노력해야 한다.

스피치는 배울 때보다 배우고 난 후 그것을 활용할 수 있을 때 비로소 성취감을 느낀다. 효과를 보기 때문이다. 하루가 모여 1주일이 되고 한 달이 되고 일 년이 되고 평생이 되듯이, 스피치도 하루 연습하고 포기하지 말고 꾸준히 노력하고 준비해야 한다.

유튜버가 되기로 한 이상 스피치에 신경 써라. 말을 어떻게 하느냐에 따라 당신의 채널에 많은 구독자가 생길 수도, 있던 구독자가 없어질 수도 있다. 그동안 말에 대한 두려움 때문에 주저해서 유튜브 개설을 못했다면 『유튜브 스피치』가 도와주겠다. "더 이상 유튜브를 보기만 하지 말고, 시작하고, 도전해라."

2017년 이후 3년 만에 나온 두 번째 책이다.

『유튜브 스피치』 기획을 하면서 많은 연구와 인터뷰를 했다. 필자가 만든 스피치 자료를 토대로 필자만의 노하우를 이 책에 실었다.

인터뷰에 협조해 준 '빌라랭 가이드' 강상엽 님, 안전컨설팅 전문가 김한기 님, 전前 매일경제신문사 노승환 기자님께 감사드린다. 『유튜브 스피치』가 출간될 수 있도록 도와주신 아라크네 대표님과 편집부에도 감사드린다. 또한 늘 나의 곁에서 든든한 힘이 되어 준 부모님과 인생의 멘토 장지헌 교수님께 감사드린다.

유튜브
스피치

YouTube
speech

소셜 네트워크 시대의 마케팅 전략

트위터 비즈니스

**트위터를 마케팅 수단으로 활용하고자 하는
개인과 기업을 위한 최적의 교본!**

"트위터가 당신의 비즈니스 전략을 바꾼다"

신호철 지음 | 신국판 | 196쪽 | 13,000원

트위터를 기업이 활용하기 위해 알아야 할 트위터의 본질과 가치에 대해 잘 알려 주고 있다. 전략을 수립하고 전술을 실행하기 위한 여러 가지 방법론과 가이드라인 등을 명확히 제시한다.

_방흥수(롯데정보통신 e-Biz 사업부장)

이 책은 기업에서의 풍부한 실무 경험과 국내외의 수많은 트위터 이용 사례에 대한 연구를 바탕으로 트위터를 통한 기업의 소통에 대해 고심해 온 저자의 철학과 노하우를 간결한 문체로 담아내고 있다.

_이병선(법무법인 율촌 소속 변호사)

이 책에서 제시하는 다양한 사례들을 바탕으로 트위터에 참여한다면, 치열하게 변화하는 시장이 던지는 다양한 화두들을 현명하게 풀어 나가는 기업이 될 수 있다.

_박세진(한국 오라클 상무, CRM Director)

유튜브 스피치

초판 1쇄 인쇄   2020년   3월 15일
초판 1쇄 발행   2020년   3월 20일

지은이   신유아

펴낸이   김연홍
펴낸곳   아라크네

출판등록   1999년 10월 12일 제2-2945호
주소   서울시 마포구 성미산로 187 아라크네빌딩 5층(연남동)
전화   02-334-3887   팩스   02-334-2068

ISBN 979-11-5774-663-7 13320